焚き火メシの本

著
松倉広平
猪野正哉

熾《おき》火《び》じゃない

強い炎でメシを食う

素材を焼くだけ

焼いてかけるだけ

混ぜて煮込むだけ

CONTENTS

012 — はじめに

014 — 猪野正哉×松倉広平
ボクらが「焚き火メシの本」を作った理由

焚き火の準備

022 — まずは焚き火の道具選びから

026 — 難しいことは一切なし。火起こしの基本

032 — 焚き火メシに最適な焚き火台の選び方

042 — 増えるほどモチベもあがる調理器具

焚き火メシ60選

- 122 ── 焼いてつけるだけ
- 134 ── 混ぜて煮込むだけ
- 050 ── 焚き火メシの主役は旬の野菜でしょ！
- 094 ── 焚き火メシのコツは調味料
- 巻末
- 148 ── 経験豊富なツウなキャンパーがやっていること
- 150 ── 面倒な後片付けもアイデア次第でラクになる

はじめに

猪野正哉

世の中にたくさんの料理本が出まわっているなか、週に1、2回しか包丁を握らない私がレシピ本を作ることになった。正直、大丈夫なのかと自問自答しながら、〝まえがき〟を書いている。できれば、料理人や料理に関わる仕事をしている人たちの目には留まってほしくない。「レシピじゃない！」「料理じゃない！」と一喝されてしまいそうだ。気に食わなかったとしても寛容に、そっと本を閉じていただきたい。

　しかしズブな素人ではあるが、幸いなことにまわりには料理のプロや料理好きが多く、また仕事で出会うことも多い。間近で調理が見られ、〝料理は背中で教わる〟ではないが、私にとっての財産になっている。そして「これは真似できそう、これは無理、これならアレンジできそう」と恥ずかしながら参考にし、実践している。なかでも得意の焚き火に落とし込み、年に数回、披露している。それが積み重なり、今回の縁をいただいた。

　ただ、1人で本書を形にするのはやはり難しく、ヤマサ醤油初の社内ベンチャーを立ち上げたキャンプ仲間の松倉さんとの共著になった。デカい看板を背負っているにもかかわらず、感謝しています。

　一般的な料理本は、〝大さじ一杯〟〝何グラム〟と詳細が載っているものだが、焚き火の前くらいはラフで雑であってほしいと思い、細かいことはほとんど書いていない。そのくらいがキャンプでは丁度良く、楽しみながら真似をしてくれたら嬉しい限りだ。

の本」を作った理由

猪野正哉 × 松倉広平

熾火になるまで待っていられない！

松　初めて焚き火で調理をしたとき、野性味のある美味しいお肉が焼けて感動したことがありまして。じっくり焼けば燻されて、こんなにも美味しくなるんだなって。でも、お米がうまく焚けなくて……焚き火料理は難しいなと実感しました。

猪　私も、最初に飯盒で失敗して以来、焚き火でご飯を炊いてないです（笑）。

松　焚き火は、炎のコントロールが難しいですよね。

猪　炎が出ているときは温度が安定しないので、いったん炎があがらない状態を作るのが一般的。

松　焚き火料理と言いつつ、熾火料理なんですね。

猪　そう。私なんかは、熾火になるまで待っていられないし、もう一度焚き火に戻すのも面倒くさくて。

松　ですよね。その間、焚き火を我慢しているのに、何が焚き火料理だと（笑）。やっぱり、焚き火のごはんは、炎を眺めながら作りたいと思っちゃいます。

猪　そもそもキャンプってやらなきゃいけないことが多いから、正直どこかで手を抜きたい。焚き火で焼いて、ちゃちゃっと料理を作ってしまったほうが、有意義に過ごせると思う。

ボクらが「焚き火メシ

焚き火をしながら、「焚き火メシ」を語る――。
2人がキャンプをするうえで辿り着いた先は
肩ひじ張らず、料理は頑張らず、楽しむこと。
だから、キャンプも焚き火もやめられない。

LOCATION：露天風呂とキャンプNANSO CAMP

焚き火メシは、簡単でいいんです。キャンプで頑張って料理を作らなきゃ、なんて固定観念はいらない
——猪野

松 そこは熾火ではできないこと。

猪 主役は焚き火なので。

猪野&松倉コンビで料理本を作る理由

猪 今回、アウトドア業界出身じゃない2人が料理本を作ることに、意味があるんじゃないかと思っているんです。

松 本書はレシピの必要がないシンプルな料理がほとんど。そんな料理本、聞いたことがありません。

猪 もはやレシピ本なのかも怪しい（笑）。

松 私はインスタグラムで、毎日簡単なキャンプ飯を投稿しているので、レシピのない「焼くだけ」のコンセプトは、むしろ私にマッチしていると思いました。

猪 レシピがあると、それに振り回されちゃうから。

松 ありますよね。あれ買わなきゃいけない、この分量にしなくちゃいけない、とか。

猪 料理が楽しくなくなっちゃう。私は、不味い料理なんて、そうはないと思っていて。どう食材を組み合わせても、とんでもないことをしない限りは失敗なんてないと思っているので。

松 あ……猪野さんの料理は、私にとって〝とんでもないこと〟に感じるときが……（笑）。中華油切りで氷を焼きはじめたときは、敵わない人が目の前に現れたなと。

猪 それは褒められているのかな？（笑）。だって、どこかで見たことがあるアウトドア料理だと面白くないじゃないですか？

松　私も思いつきで遊んじゃうことが多いタイプですけど、意外やそれが良い結果になることも多くて。

猪　キャンプだから遊べるというのはありますよね。第一、失敗したって、そんな大したことじゃない。

松　みんなで焚き火を囲んで食べれば、何だって美味しく感じられるはず（笑）。

猪　まあ、お米だけは焦がすと食べられるところが少ないので、注意かな。

松　米はコンロで炊いて持参すればいいですしね。

猪　やっぱり難しいことは、やらないに限る（笑）。

料理じゃなくてメシ。そのくらいの感覚でいい

猪　そもそも、「キャンプ＝料理を頑張って作らなくちゃいけない」という固定観念も違うと思っていて。料理が苦手な人は、とことんラクをしていい。

松　そんな人は、調味料を活用してほしいですね。

猪　焚き火メシに調味料は欠かせない。その点、松倉さんは、醤油とガーリックという最強の武器を持っているから、何でもできる。羨ましい！

松　ありがとうございます。調味料に頼れば、簡単に手早く、そして美味しくできるってことを、もっと知ってほしいです。

猪　頼ってばかりいると調理は上達しないですけどね（笑）。私はそのタイプ。

松　でも、調味料をたくさん知っていることは大事だと思います。相性が分かってくると、調理が苦手でも、

焚き火を楽しみながら作るのが醍醐味。基本、焼くだけだから料理が苦手な人こそやるべき
——松倉

レシピがあると、それに振り回されちゃう。どう組み合わせても失敗なんて滅多にないと思うし、たとえ失敗したって構わないでしょ？

――猪野

素材を引き立たせることができるようになります。

猪 松倉さんのマシュマロに醤油をかけるレシピは、まさに革新的でした。

松 焼いて醤油をかけるだけ。簡単すぎるから、今までレシピにならなかっただけだと思います。

猪 焚き火料理は、簡単でいいんです。たとえば、皮付きの食材は、皮がアルミホイルの役割を果たしてくれるので、まるごと火にくべるだけで十分。

松 シンプル！私のオススメはお刺身にスパイスを振って焼くこと。簡単だし、お刺身だから炙るだけでいい。すぐ食べられます。

猪 焚き火の料理は肉に偏りがちだけど、なんでも焼けばいいんです。

松 氷も焼けばいい（笑）。

今回は、作っていてホント楽しいです。面倒くさがりなので、グラムを測ったりするのが面倒で。

猪 この本は、グラムどころか、料理と呼べないものもありますからね。料理というか、メシ。そのくらいのラフな感覚で丁度良いと思います。

松 いいですね！

猪 焚き火メシに分量はいらないということ。気にする人は、もう、家でごはんを食べてください（笑）。

調味料に頼れば、簡単に手早く、美味しくできるってことをもっと知ってほしいですね

――松倉

焚き火メシの準備

- まずは焚き火の道具選びから
- 難しいことは一切なし。火起こしの基本
- 焚き火メシに最適な焚き火台の選び方
- 増えるほどモチベもあがる調理器具

自分で起こした
焚き火の火で、調理がしたい

自分の力だけで火を起こし、操り、
調理する経験は、日常では味わえない。
この小さな達成感がクセになり、ハマってしまう。
そのためにも準備を怠ってはいけない。
現地でアタフタしないよう道具は多めに揃えておくこと。

薪割りのマストツール

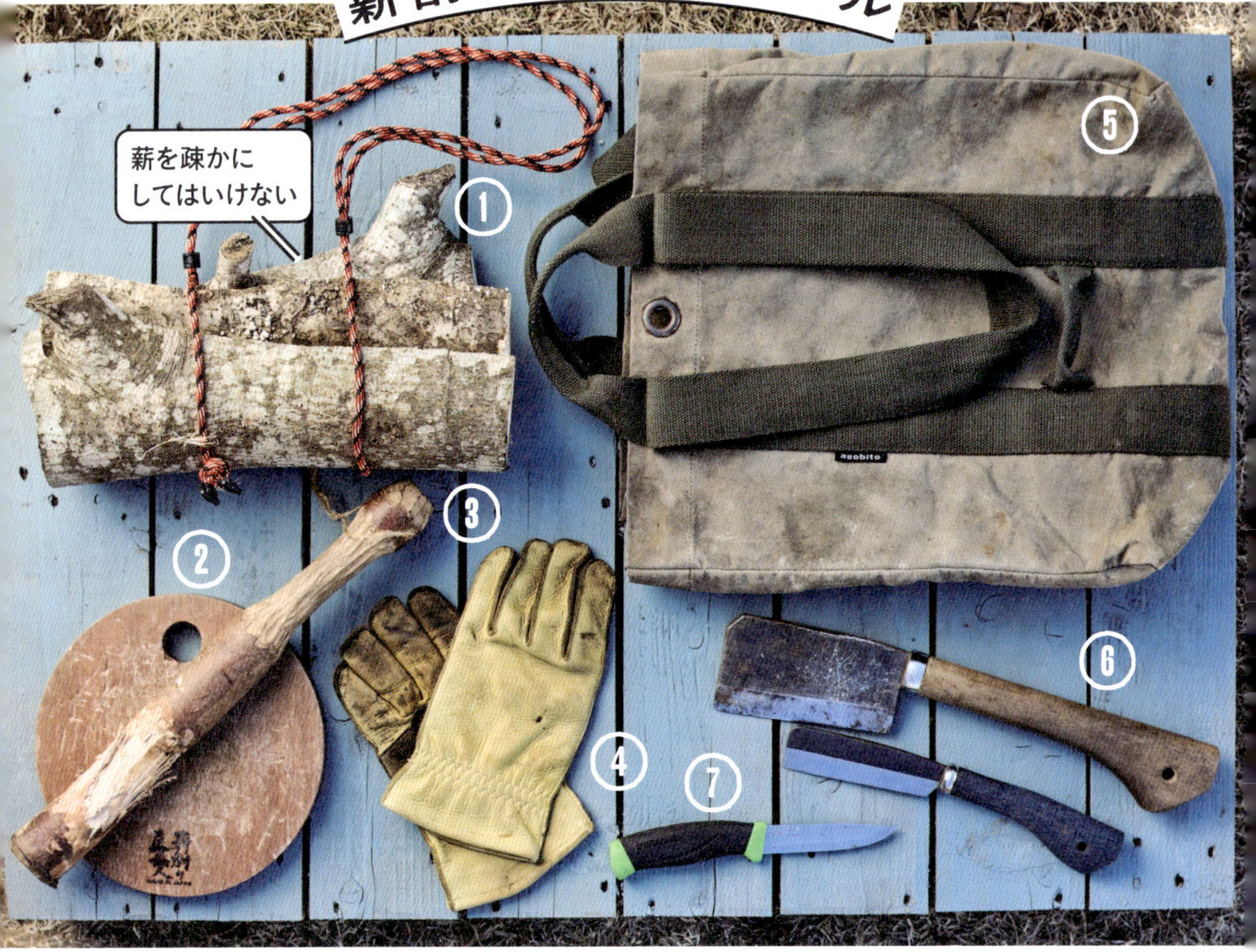

1 **薪を運ぶロープ**
薪を運ぶのもひと苦労するので、ロープがあると効率よく運べる。

2 **薪割り台**
薪は上からの力だけでは割れず、台があることで衝撃を逃がさない。

3 **バトニング棒**
ハンマーの代わりとなり、薪を小割にする際、刃物の上部を叩くもの。

4 **グローブ**
熱にも強い、革手袋。軍手だと薪のささくれが突き抜けてくる。

5 **コンテナバッグ**
湿気らないようにバッグに入れて保管。容量は、燃やす時間を想定して決める。

6 **鉈**
市販の薪は太いことがあるので、ナイフでは太刀打ちできないときに使用する。

7 **ナイフ**
刃の一部が持ち手の中まで延びた強固なタングナイフを。折り畳み式は不向き。

まずは 焚き火の道具 選びから

思っているより、焚き火に関する道具は多いかもしれない。ただ道具を使うことで、薪割りから火起こし、消火までスムーズに行えるのは確かであるし、損はさせない。

使い勝手は断然、鉈に限る

TEPPA
薪割鉈 守門

薪割りの刃物はいろいろ試したが、やはり日本伝統の鉈である。割る際に刃の重さと遠心力が加わるので、力以上のエネルギーが伝わり、サクサクと薪割りが進む。刃が鋭いことで細かい薪割りまででき、出番は多い。

薪を地面に置くなんてナンセンス

asobito
コンテナトートL

キャンプ道具入れだが、薪入れにも使っている。直置きしてしまうと、地面の濡れや湿気、夜露などで水分を含んでしまうので、バッグに入れて保護している。防水帆布生地は、どんなタフな環境にも耐えられる。

キャンプ用ナイフとして不動の人気

MORAKNIV
コンパニオン

ステンレス製でセミタングタイプ。フェザースティックや軽いバトニングなどの焚き火準備をはじめ、調理ナイフとしても扱いやすく、汎用性が高い。カラーバリエーションが豊富なうえに、お手頃な価格で手に入る。

地味な存在だがなくてはならない

SEIDO
薪割り匠人

地面が土だと衝撃が逃げてしまい、薪が沈んでいくだけのときがある。だからといって石やコンクリートの上は割れた瞬間に刃が当たり、刃こぼれなどをおこす。本格的な台は持ち運べないが、このサイズなら問題なし。

火起こしのマストツール

1 防火マット

焚き火台の下に敷くシートで、芝生の保護や、火事の危険性を防いでくれる。

2 火吹き棒

火力を遠隔でコントロールでき、弱くなった炎を蘇らせることができる。

3 消火用バケツ

火を扱うなら水は用意し、万が一に備え、視認性のあるバケツを選びたい。

4 トング

火傷をしないためにも必須。薪をくべたり、移動させたりするのに重宝する。

5 着火剤

火起こしをスムーズにするための必須道具。固形やジェルタイプなど様々ある。

6 バーナー

最速で着火できるのはもちろんだが、食材を炙るのにもってこい。

7 ライター

点火時にないと何も始まらない。予備を含め、たくさん持っておきたい。

8 焚き火台

キャンプ場のほとんどが直火禁止なので、焚き台はもちろん必須アイテム。

始まりにも仕上げにも

SOTO
フィールドチャッカー

火起こしに風情を求めないなら、カセットガス式トーチでサッと着火させたほうがタイムロスがない。ただ横着して薪の組み方を疎かにすると、燃えが悪くなる。料理のひと手間として表面を炙るとグレードアップする。

マッチ兼着火剤の優れもの

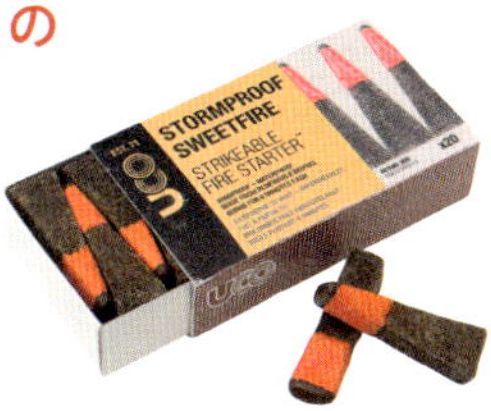

UCO
ストームプルーフ スイートファイヤー

オレンジの先端部分がマッチの役割をし、茶色の部分が着火剤になっている。マッチを擦る要領で着火させ、そのまま焚き火台に入れるだけである。風や濡れに強く、1個で約7分間、焚きつけとして燃焼してくれる。

令和のキャンプでは定番アイテム

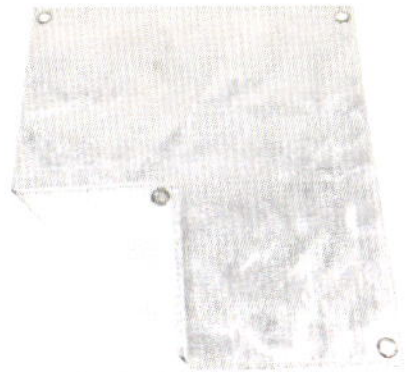

belmont
焚き火プロテクトシート

不燃や耐熱シートを敷かないと地面にダメージを与える。火床の熱や火の粉、こぼれ落ちた薪から守らなくてはいけない。一般的なシートと比べ、アルミニウムが入った生地は熱放射され、地面への熱伝導をダウンさせる。

口で吹くより数倍、ラク

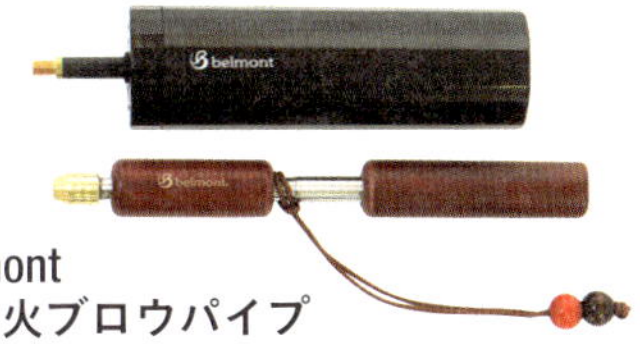

belmont
焚き火ブロウパイプ ダークブラウン ポンプ付き

空気の流れが悪くなると、酸素不足で燃焼効率が下がる。息を吹きかけると復活するが、焚き火に顔を近づけなくてはならず、熱いし危険である。着脱式で鞴（ふいご）としても使え、ポンプならピストンだけで空気を送れる。

お守り代わりに置いておく

尾上製作所
バケツ防火用

大袈裟かもしれないが、何が起こるか分からない。備えあれば患いなし。面倒だが、火を点ける前には準備すること。初期消火が大事になるので、目立つ場所に置き、誰もが使えるようにしておく。使わないときは物入れに。

ストレスフリーな火バサミ

belmont
U.L. Hibasami

100均でも手には入るが、薪を持ちにくく、すぐヘタってしまう。トングなら何でも良いわけではなく、焚き火に特化したものに限る。先端が突起になることで太い薪でも点でしっかりホールドでき、ストレスがない。

難しいことは一切なし。

火起こしの基本

いまだに「焚き火＝難しい」と思っている人が多い。
ちょっとしたコツや知識さえあれば、簡単に火は起こせる。
本当に難しかったら、昔の人は、毎日、苦労していたことになる。

割りやすい薪を見極めるポイント

着火までの準備が非常に大切で、まず薪を割って細かくするところから始まる。薪の種類としては、針葉樹（燃えやすいが火持ちしない）と広葉樹（燃えにくいが火持ちする）に分かれる。簡単な見分け方は、針葉樹は軽くて樹皮が素手でツルっと剥け、広葉樹は目が詰まり重くて硬く、樹皮がゴツゴツしている。薪割りは、針葉樹がベストだ。

1 薪選び

根元側から割る

“木もと竹うら”ということわざがある。物事には最も効率的な方法、手順があるという意味で、木は根元から、竹は先端から割るとよい。斧や鉈を振り落としてみて、ゴムのように弾き返されたなら、根元が逆なので置き直すこと。

節のない薪を選ぶ

薪すべてが真っ直ぐなことはなく、曲がっていたり、節があったりする。当然ではあるが、割りにくく、どんなに斧や鉈を振り落としても割れないことはある。見た目で判断できるのなら、無理に頑張るより、諦めたほうが賢明である。

根元

割りやすい

節なし

割りやすい

節あり

割り難い

ちゃんとしたフォームを身に付けろ

薪割りはとにかく安全第一である。当然だが、薪が割れれば、どんな姿勢・フォームでもよいわけではない。刃物を扱う以上、危険とは隣り合わせでいることを、肝に銘じておくこと。

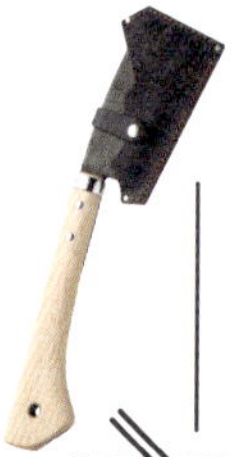

中サイズの薪は鉈を振り落とす

太い薪は斧で割るしかないが、手のひらサイズなら鉈でも割れる。トンカチで釘を打つイメージで、力一杯ではなく振り落とす感覚だ。

鉈を使う
中サイズの薪

薪を片手で抑え、刃をトントンと薪に食い込ませる
持ち上げて落ちなければ、食い込んでいる証拠だ
そのまま振り上げ、薪割り台に戻すように叩きつける

振り方 Check!

鉈は振り抜くのではなく、振り落とす。割れたとき、刃が台に平行に当たるか刺さるのが理想。振り落とすタイミングで膝も一緒に曲げると力が上手く伝わり、割れてくれる。

先端ではなく、薪の下を割るイメージ

スタンス Check!

薪割り台の正面に立ち、肩幅以上に脚を開く。剣道のように脚が前後する格好だと空振りしたときに足に大怪我を負ってしまう。素振りをして、距離感を把握することも大事だ。

剣道スタイルはカッコいいがダメである

② 薪割り

細い薪はバトニングを駆使

ナイフを使う

バトニングとはナイフと棒を使って薪を細かくする作業で、細い薪がたくさんあることに越したことはない。割り箸サイズの薪は、焚きつけはもちろん火力調整にも使える。

細い薪

刃の根元を薪に当て刃の背中を叩いていく

先端を叩きながら持ち手も力を入れていく

急に割れることがあるので最後のほうは慎重に

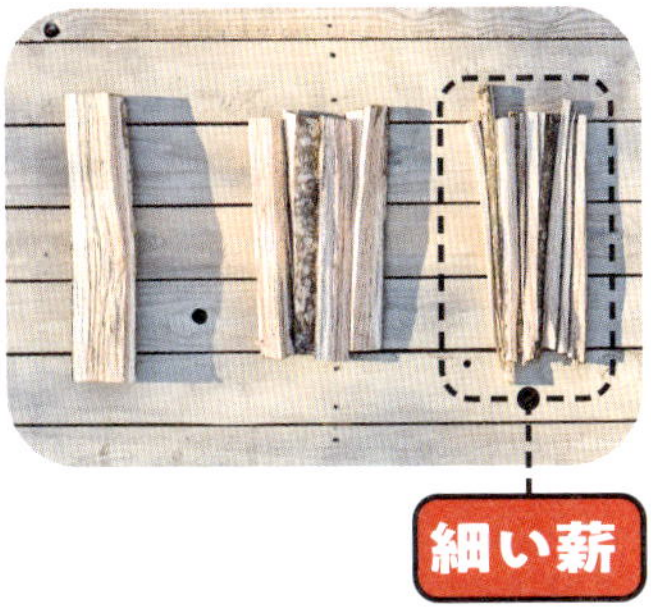

刃の当て方 Check!

湾曲している部分に刃を当てると、不安定になるので、作業効率が下がってしまう。力が均等に伝わるフラットな部分が好ましい。鉈でもできるが、包丁や折り畳み式はNGだ。

刃と薪の接地角度を直角にすること

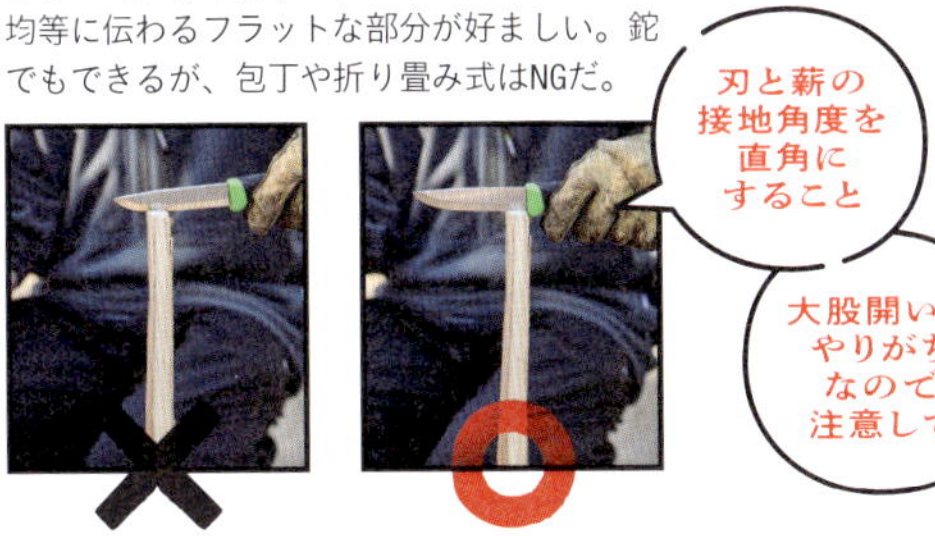

スタンス Check!

脚は開かず、閉じて薪が斜めや横にくるように座る。ナイフを左手に持つなら左側で作業すること。開いた状態でうっかり刃が脚に流れてしまうと、大事な血管を傷つけてしまう。

大股開いてやりがちなので注意して

薪の組み方はこの2つを知っていれば充分

薪の長さは約30～40㎝で販売されることが多く、大前提として火床が広い台を選ぶこと。そして形状に合う組み方を見つけ、薪と薪がくっつかないように立体的に組んでいく。大きく分けるなら、火床がフラットなら螺旋階段型、すり鉢状は井桁型で対応できるはず。

③ 薪組み

煙突効果で立てた枝や細い薪が早く燃える
樹皮を外側にしたほうが燃えやすい

炎の美しさはダントツだ

井桁型

メリット 勢いよく、広範囲で炎が上がる。失敗の可能性が低い

注意点 薪の消費量があがる。炎が映えない

オススメ調理 炒め物、鍋の直置き

相性◎焚き火台 すり鉢状タイプ、フラット

上から見ると漢字の“井”のようになる組み方。2本ずつ積み重ね、最低でも3段は積み上げる。その中心に枝や細い薪をギュッと縦にして入れていく。これをまず燃やしていけば、囲っている薪が自然と燃えていく。

螺旋階段型

メリット 枕木に立てかけるだけで、ある程度組めてしまう。炎がキレイに立ち昇る

注意点 火床がメッシュタイプだと崩れやすい

オススメ調理 炎が一点に集中しているので、トライポッドで鍋を吊るす

相性◎焚き火台 火床が広く、フラット

手元にある一番太い薪を枕木とし、細い薪を螺旋状に組み、中央下に着火剤を仕込む。炎と薪の距離はあるが、しっかり燃えるので不要にいじらないこと。細い薪が確実に燃えたら、中くらいの薪をその上から螺旋状に組む。

鍋の直置きは

五徳代わりに薪をかませる

鍋は火床に直置きでなく、薪を五徳代わりに組む。いきなり置くと倒れてしまう可能性があるので、高さや安定感を確認すること。その隙間でも燃やし、まわりを薪で囲む。直置きだと下からの熱がなくなり、調理が遅くなってしまうことも。

手抜きだろうと簡単なのが正義です

「着火剤を使うなんて邪道」という声も聞こえてはくるが、私は気にしないし、心の底から着火剤やガストーチを作った人には感謝している。火の起こし方は自由ではあるが、火起こしに苦手意識を持ったり、離脱したりするくらいなら、初めから上手く活用してほしい。

4 着火

火起こしに自信がない人はこっそり多めに

ガストーチを使う

確実で簡単に着火できる

火起こしの手法としては味気ないが、そのぶんスピディーである。火炎温度が1,300℃に達するので、薪もひとたまりもない。ガス栓をひねり、ワンタッチタイプなので操作は誰でもできる。使う以上、失敗はできない（笑）。

着火剤を使う

数あるなかでもジェルタイプを

主に固形タイプとジェルタイプに分かれ、製品によって燃焼時間が大きく変わる。ジェルは固形より着火がスムーズで初心者でも扱いやすい。火起こしスキルが上がると使用量が少なくなるので、スキルバロメーターにもなる。

薪を注ぎ足す際の注意点

足す前に、まずは燃えている薪を180度回転させるか、裏表を逆にする。そうすることで燃え残りが減る。その後、新たな薪を投入する。大量に投入すると酸欠になるので、2～3本ずつが妥当。この繰り返しをしながら、細い薪から太い薪へとバトンを渡していく。

隙間なく並行に置く
✕

螺旋状に置く
○

焚き火メシに最適な

焚き火台の選び方

販売されている焚き火台の種類は200以上（焚き火マイスター調べ）と言われ、機能や収納性はもちろん、サイズや形状は様々。初心者には見極めは至難の業だが、直感で選んだとしてもそれがあなたの答えであり、大事な相棒になることは間違いない。

経験上、思い通りに燃えなかったり、使い勝手が悪かったりすることがあるが、使ううちにクセが分かり、不自由なく使いこなせていくものだ。気軽に買い替えられないので、まずは使い続けることが大事となる。

選び方のポイントとしては、目的をはっきりさせておくこと。焚き火がしたいのか、熱源としての調理器具なのか、それとも両方か。それに加え、人数も入ってくる。また五徳などのオプションで拡張できるならなおベターだ。

ここで紹介するのは、実際に使ったうえで、焚き火と調理の二刀流が可能なオススメの焚き火台。少しでも購入の参考にしてほしい。

まずはキャンプの目的をはっきりとさせること

- [√] 主役は焚き火、でも料理もしたい
- [√] 料理メインで、焚き火は二の次
- [√] 参加人数や規模で使い分けたい
- [√] そもそも組立とか火起こしが億劫

主役は焚き火、でも料理もしたい

火床が浅い焚き火台は、より揺らめく炎を楽しむことができる。五徳があってもなくとも、本格的な焚き火メシの調理だってできてしまう。

炎の見え方…◎
オプション…有
収納性…◎
華奢に見えるがタフなやつ

火床のメッシュ素材は薪をキレイに燃やす

muraco
サテライトファイヤーベース

重さが加わるほど安定感が増し、ダッチオーブンでも問題なし。オプションの焼き網を使えば、空いたスペースで他の調理が同時進行できる。組み立ても説明書不要で、収納性が高く、卒業証明書のケースほどになる。

薪のくべやすさ…◎
燃焼アシスト…◎
火床の広さ…◎

設営…◎
燃焼アシスト…◎
タフさ…◎

空気を取り込み 着火をアシストする

SOTO
エアスタ（ウイングL）

中央の筒の下にフィンキャップを置くことで横風を取り入れ、空気の通り道を確保し、着火を手助けしてくれる。広い火床は薪をくべやすく、安定感のある燃焼効率で、どんな調理器具でも対応できる。

風にとことん強く 炎を守ってくれる

CYRUS9
フレーム イン ザ ウィンド

外筒の角度を変えることで、外筒自体が防風壁になり、風の影響を最小限に抑える。開口部を自分に向ければ、リフレクターからの輻射熱でより暖かくなる。また、開口部を五徳としてそのまま使え、快適な調理もできる。

料理メインで、焚き火は二の次

焚き火台でも調理をアシストする付属品が充実しているものがある。料理メインなら、五徳や焼き網、フレームなどが付いているものを選ぶこと。

料理の幅…◎
付属品…◎
携帯性…◎

組み合わせ次第で調理の幅が拡がる

maagz
ラプカ

逆台形型のデザインは調理スペースを広く取れる。サイドのフレームに五徳や長い串をかけられ、高さを3段階に調整できる。高低差があることで立体的な焼き場になり、1つの火力で焼き、保温が同時にできる。

焼けた食材を逃がせられるのは助かる

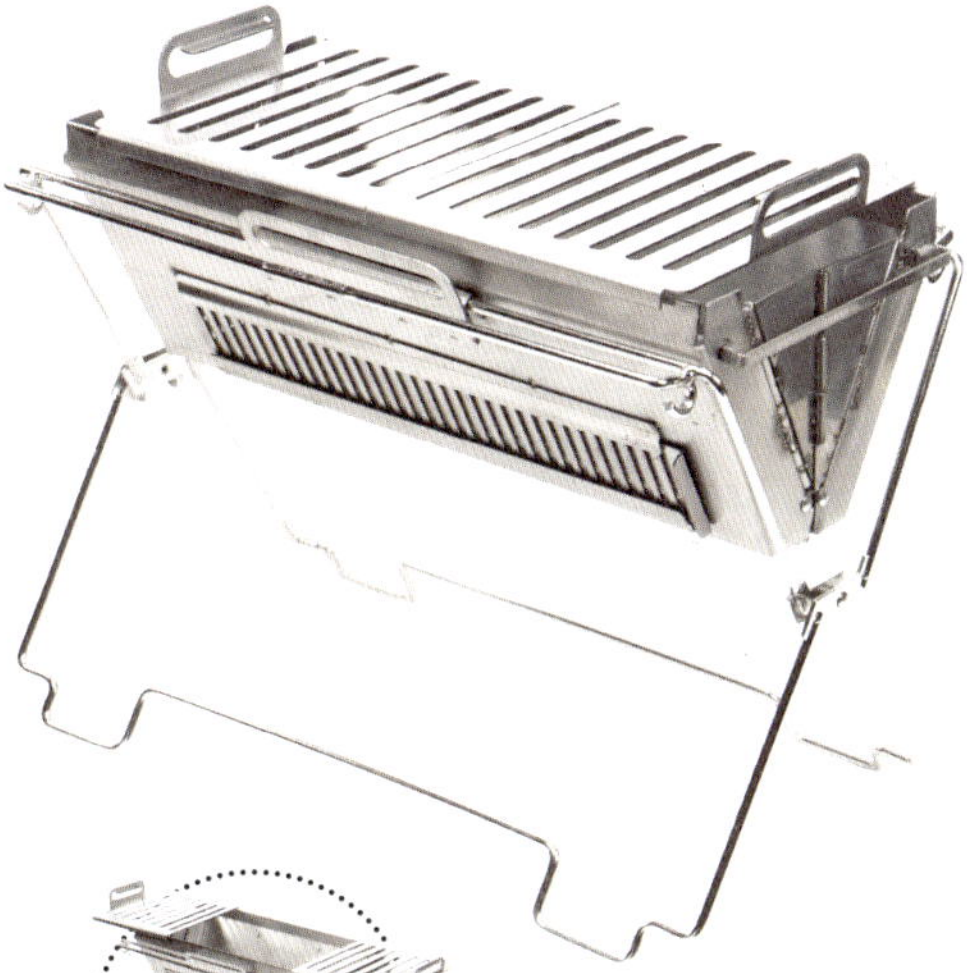

ギミック度…◎
料理との相性…◎
機能拡張…◎

アイデアと拡張機能が詰まっている

TOKYO CRAFTS
メバ焚き火台

台座のコードユニット（別売り）は拡張性が高く、テーブル、薪ホルダー、ソフトクーラーボックスと1台で４通りのギアに。焚き火台としても優秀で、専用網をはめればグリル台となり、スライド式なので薪が入れやすい。

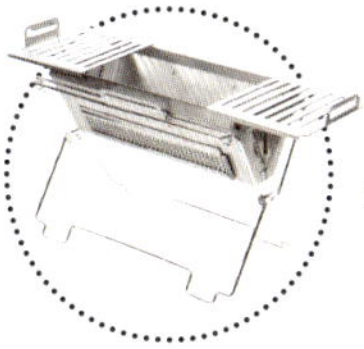

専用網はスライド式

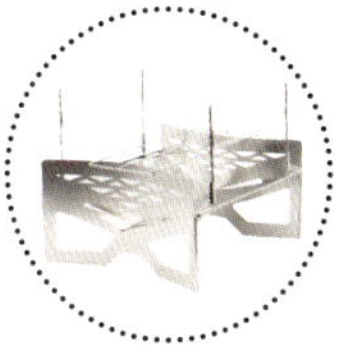

五徳の高さを変えられる

携帯性…◎
価格帯…◎
料理との相性…◎

五徳の置き方は３通り。驚きの軽さで収納性も◎

TOKYO CRAFTS
マクライト２

3通りの五徳の置き方ができ、五徳は滑り難い加工が施されている。重さも選ぶポイントで、本体重量が1kgを切ってくる。ただでさえキャンプは道具が多くかさばってしまうので、コンパクトにもなるのはありがたい。

参加人数や規模で使い分けたい

どの焚き火台も、焚き火も料理も基本的にはできる。ただ人数によって焚き火台を変えないと窮屈になってしまうので、使い分けたい。

自由自在に
薪が組める
人数…グループ
火床の広さ…◎
オプション…有
薪の組みやすさ…◎

ダイナミックに燃え
ダイナミックな調理も

FIRESIDE OUTDOOR
ポップアップピット

62cm四方のメッシュ素材の火床は市販されているなかでは群を抜いている。広いことで、半分は薪、半分は炭を同時に燃やせ、別々で調理という離れ業も可能。収納サイズは折り畳み傘2本分くらいなので、スペース要らず。

直径約50cmの
鉄鍋もスッポリ

人数…ソロ、デュオ

機能拡張…◎

組み立て…◎

上だけでなく 下でも焼けてしまう

belmont
焚き火台 TOKOBI

オプションパーツが充実し、揃えれば揃えるほど料理の幅が拡がる。火床の下にプレートを装着すれば、上からの熱を利用したピザやグラタンなどのオーブン料理が楽しめる。ここまで熱を無駄にしないデザインは珍しい。

人数…デュオ、グループ

タフさ…◎

シンプルさ…◎

焚き火台界の ロングセラーモデル

COLEMAN
ステンレスファイアープレイスIII

長年、キャンパーから愛され、2007年の発売以降、バージョンアップを繰り返している。深い型は炎が見えにくいが、メッシュにより揺らぎがしっかりと分かる。ハンドルを内側に倒せば、ダッチオーブンが悠々と置ける。

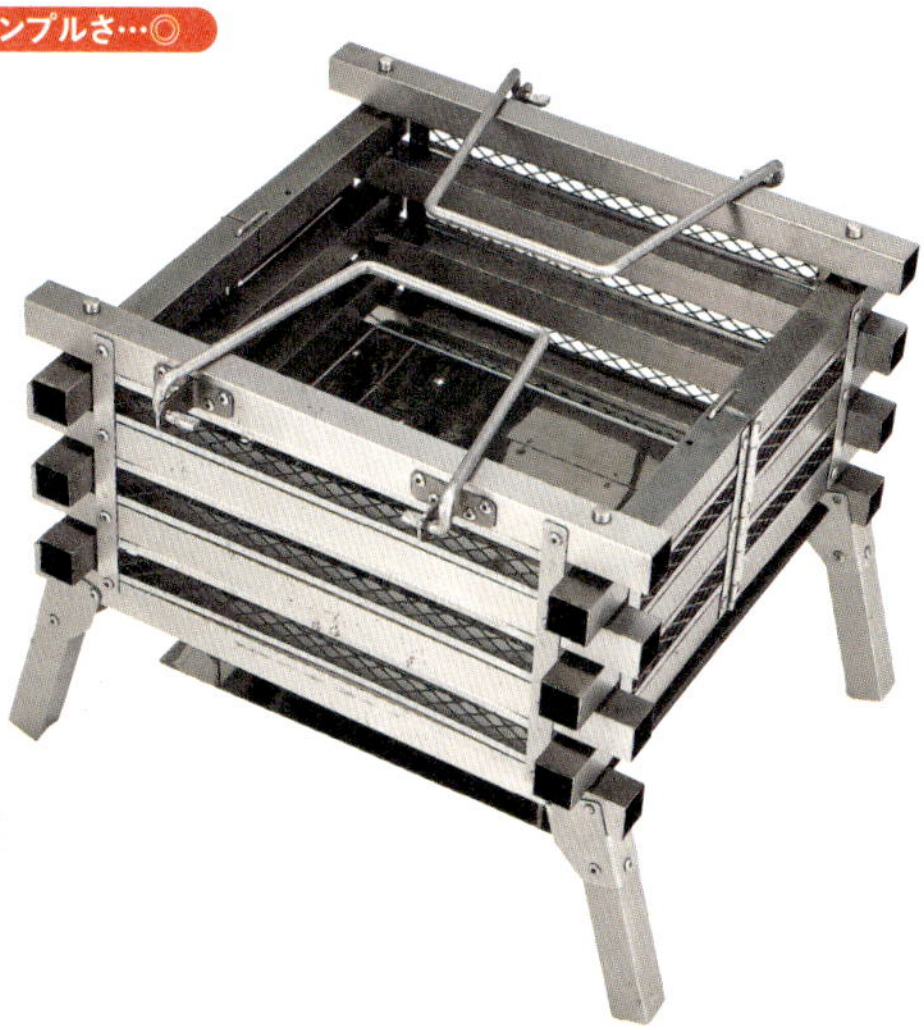

そもそも組立とか火起こしが億劫

キャンプではすべてを自分たちでやらなくてはならない。時間と手間がかかり、正直、面倒くさい。ほんの少しでもラクをしたいなら、この焚き火台。

燃焼アシスト…◎
次世代さ…◎
インパクト…◎
焚き火台にもテクノロジーが介入

スマートフォンで遠隔に炎を操れる

BioLite
ファイアピット PLUS

専用アプリをダウンロードすれば、離れていても送風ファンを動かせ、火起こしから調理まで手元で火力をコントロールでき、不完全燃焼も最小限に抑えられる。リチウムイオン電池が内蔵され、USBケーブルから充電も◎。

煙が出たら不完全燃焼している証拠

価格帯…◎
設営…◎
シンプルさ…◎

コスパと機能性を兼ね備えている

**尾上製作所
フォールディング ファイアグリル
コンパクト**

一体型構造でストレスなく組み立てられ、初心者でも扱いやすい。焚き火メシのトライアルとしては、最適なコストでパフォーマンスを発揮する。調理専用として、焚き火台とは別で持ち歩いても邪魔にならないサイズだ。

タフさ…◎
ワイルドさ…◎
収納性…◎

無骨なデザインのなかにアイデアが詰まっている

**flames
ファイヤースタンド
オリジナルブラック**

一見、組み立てが複雑そうだが、スリットにはめ込むだけなので数十秒で完成。パーツを固定していたバインダーは五徳としての役割も果たす。収納が秀逸で、畳むとL字になるので、車のトランクの隙間に滑り込ませられる。

増えるほどモチベもあがる

調理器具

調理器具が増えれば増えるほど、レシピの幅が広がっている証。また買い足していくことで、料理へのモチベーションが上がることも確かである。キャンプ道具以上に沼かもしれないが、たくさん持っていて困ることはない。

13 トング
箸の代わりにもなる。これでカップ麺をすすったりもしている。

14 ハサミ
肉は、ハサミで豪快に切る。ナイフで上品に切る必要はない。

15 シェラカップ
キャンプで一番活躍するカップ。多様に使えて何個あっても◎。

16 キッチンデジタル温度計
分厚い肉は芯温を測ることで、「生だ……」という失敗がなくなる。

17 釜
陶器なので保温性が素晴らしい。いつまでも熱い。火傷には注意。

18 フライパン
Turkのフライパンで上級者に見える。重さよりもカッコ良さ。

19 ジュール&ピッカー
黒ビールの温め用だが、アイデアひとつで他の調理道具にも。

20 グリルパン
「料理は自分のため」の方は、丁度良いサイズを持つといい。

21 ホットサンドメーカー
閉じれば蒸し焼き、開けたままならフライパン代わりになる。

22 まな板
切るだけじゃなく、そのまま皿として使えるものが一石二鳥。

01 クランプ

ゴミ袋をテーブルに挟んでゴミ入れにする。強風にも負けない。

02 中華鍋

マイ中華鍋でカツカツと音を立てて炒めれば、料理人の気分！

03 鍋

手頃なサイズ感が使い勝手◎。ちょっと湯を沸かしたいときにも。

04 スポーク1

骨董屋で手に入れた海外製。料理よりギアの魅力で勝負する。

05 スポーク2

串が2本あることで肉や魚が回転せず安定。こちらは実用性重視。

06 皿

大好きなmuracoの皿。黒が食材や素材の色を引き立てる。

07 スプーン

カラフルで特徴的なものは、自身のスプーンがどれか一目瞭然。

08 包丁

結婚祝いでいただいた京都有次の包丁。良いものほど握りたくなる。

09 箸

長い目で見れば、割り箸でなくステンレス製のほうがエコである。

10 スキレット

フライパンよりも保温性がある。また小さく使い勝手も良い。

11 ナイフ

切れ味や見た目も大事だが、何を切るかで使い分けるとシェフ気分。

12 スプレーボトル

焼きマシュマロ用の醤油入れ。出番が突然なので常備しておこう。

便利な器具は躊躇なく使う

キャンプも料理も道具があってこそ成立する。アウトドアだからといって積極的に不自由な道を選ぶことはない。〝使えるものは使う〟で何が悪いのだと思ってしまう。ただ日常のキッチンで使っているものが適していなかったり、持ち運びが不便なものがあったりするので見極めは必要。ここでは、オススメの調理器具を紹介。相性の良い（焚き火メシ編の）調理例も記載したので、参考にしてほしい。

オススメ調理 ホット黒ビール、インスタントスープ

細かいことは気にせず ワイルドに加熱する

tôugu
ジュール（左）、ジュールピッカー（右）

焚き火の中にステンレス棒を放りこんでおけば、温かい飲み物がすぐ飲める。専用ピッカーで取り出し、直接、加熱したい飲み物に入れると10秒でホットに早変わり。潔癖な人には、事前に断りを入れるようにしてほしい。

鉄製フライパンは
焚き火メシのマスト器具

SOTO
GORA フライパン 22cm

テフロン加工は高熱でコーティングが剥がれるので、焚き火はNG。直火に対応した鉄製で堅牢でなければならない。こちらはサイズ感が良く、焦げ付きにくく、ハンドルレスなので鍋蓋にも。専用リフターは別売り。

オススメ調理 絶品ガーリックライス、豚漬物ステーキ、ジャム炒め

メンテナンスを考えるなら
ステンレス製に限る

SOTO
GORA オーブン

鋳鉄製ダッチオーブンを持ってはいるが、重く、手入れを怠るとすぐに錆びてしまう。それに比べ、ステンレス製は錆びにくい。鍋の機能のほかに蓋が特徴的で、お皿代わりや、そのままフライパンとしても使える。

オススメ調理 トムヤムおでん、もやし肉鍋、まるごとカマンベール鍋

どんな焚き火台にも使える
グリルアクセサリー

BAREBONES
ファイヤーピットグリルグレート

三本脚がある直径39.6cmの焼き網は、薪の上に直接置け、しっかりした安定感を提供する。既存のプレートや焼き網の上に置けば、火からの距離が生まれるので、保温専用としても◎。置き方次第で作業がスムーズに。

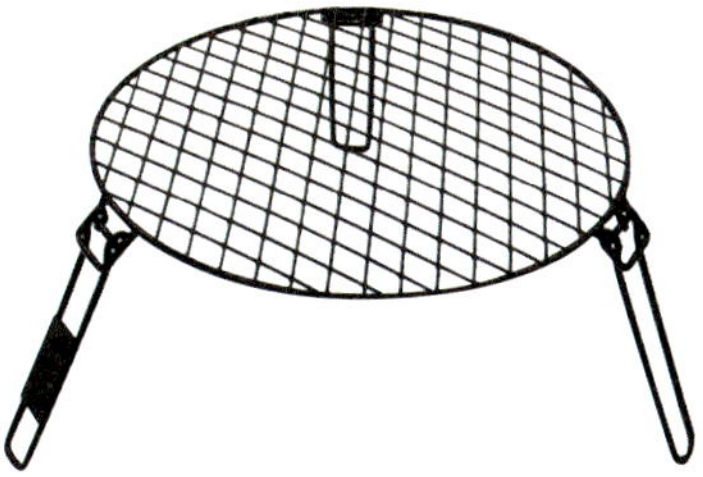

オススメ調理 まぐろとほたての串焼き、牛タン串焼き、ウッドプランク焼き

使い方は自由で
焚き火台にも鉄板にも

BAREBONES
カウボーイワック ナイトライド 15インチ

メキシコの伝統的な調理器具からインスパイアされたデザイン。着脱式の脚を付ければ焚き火台としても使える。絶妙に湾曲していて、油や食材がこぼれ落ちる心配がない。そのまま豪快にお皿としても使える。

オススメ調理 多目玉焼き、BLT バーガー、カレー風味目玉焼き丼

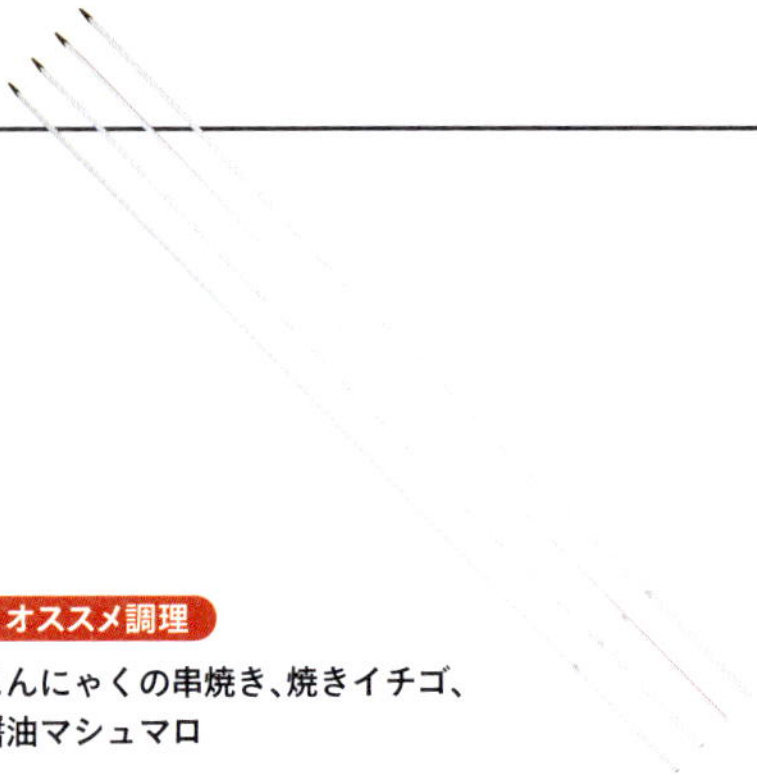

オススメ調理
こんにゃくの串焼き、焼きイチゴ、
醤油マシュマロ

シンプルで 使い捨てない串

muraco
スクエアスキュアーロング 4 ピース

竹串だと竹が燃えてしまったり、串をひっくり返すときに食材が空転したりすることがある。地味にイラっとするが、これはステンレス製で四角い断面形状なので、それを防いでくれる。2本組み合わせれば箸にもなる。

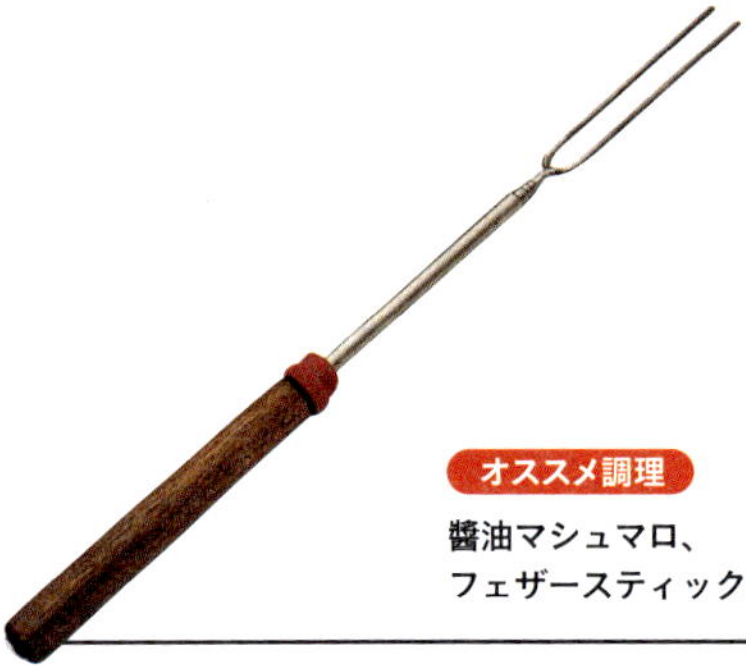

オススメ調理
醤油マシュマロ、
フェザースティック焼き

如意棒のように伸びて 安心して焼ける

COGHLAN'S
テレスコーピングフォーク

スティック部が最長86cmも伸び、赤い部分を指で回すと二股の先端部がクルクルと回る。イスに座ったままで炎まで届き、お子さんでも安全に焼くことができる。遊び心をもって料理を楽しめる逸品である。

オススメ調理
ささみハーブマヨネーズ焼き、
厚切りベーコンにメープルシロップ

憧れの丸焼きを 実現可能にしてくれる

maagz
RAPCA スティック

ブロック肉や丸鶏、魚の丸ごと焼きは、場が盛り上がることは間違いなしだ。木製ハンドルを回すだけで、食材に満遍なく火が入っていく。他社の焚き火台にもセットできるので、ここぞというときに登場させたい。

オススメ調理
焼きイチゴ、
オレンジの輪切り、
刺身用の海産物焼き

挟んで焼けば 火加減が自由自在に

COGHLAN'S
ブロイラー

調理を始めてしまうと“待ったなし”の火との戦いだ。トングだけでは間に合わず、焦げてしまうことがある。これなら瞬時にひっくり返せ、タイムロスがない。キレイな焼き目が付けば、食欲も一層掻き立てられる。

この一台があれば キャンプで困ることはない

SOTO
トーストサンドパン

両面がこんがり焼けるホットサンドメーカーだが、汎用性が非常に高く、本書で紹介するレシピのなかでも登場回数が多い。様々なメーカーが発売しているが、これはフックを外せば1枚のフライパンになり、重宝する。

オススメ調理 焼きそばパン、鶏手羽塩レモン、生地いらずのお好み焼き風

炎が集まり 強力な火力が生まれる

TAKIBISM
ブースター

火力が弱いと食材たちがシーンとなり、薪を足し、調整しなくてはいけない。鉄製鍋などは高温にしてからの使用でないと焦げやすく、具材がくっついてしまう。これを置くと、煙突効果で炎が集中し、高火力になる。

オススメ調理 絶品ガーリックライス、イカ焼き、焼肉すき焼き風

ただの板だけど 立派な調理器具

SOTO
シダーグリルプレート

木の板にサーモンなどをのせて焼く“ウッドプランク”という調理方法がある。アメリカ先住民の伝統的な手法とされている。板に水分を含ませてから焼くと、木の香りが食材に移り、風味が豊かになる。肉でも◎。

オススメ調理 ウッドプランク焼き

食材を腐らせず 害獣からも守る

STANLEY
クーラーボックス 15.1L

冬場なら買い物袋に入れ日陰に置いておけるが、気温が上がり始める季節になると一発で食材がダメになる。しまっておかないとカラスの標的にされ、目を離すと持ち逃げされる。保冷と密閉度がしっかりしたものを。

オススメ調理 冷凍枝豆、生の食材すべて

焚き火メシ60選

- 素材を焼くだけ
- 焼いて挟む・混ぜるだけ
- 焼いてかけるだけ
- 焼いてつけるだけ
- 混ぜて煮込むだけ
- 焚き火メシの主役は旬の野菜でしょ
- 焚き火メシのコツは調味料

基本は
焚き火で焼くだけ

自然に囲まれ、心も体も開放されているなか
分量や調理時間なんて、気にしてられない。
目の前にある、炎で食材を焼くだけで、
忘れられない一品になるはずだ。
焼けばいいんだよ、焼けば！

\ 焼くだけでめちゃウマい! /

焚き火メシの主役は旬の野菜でしょ!

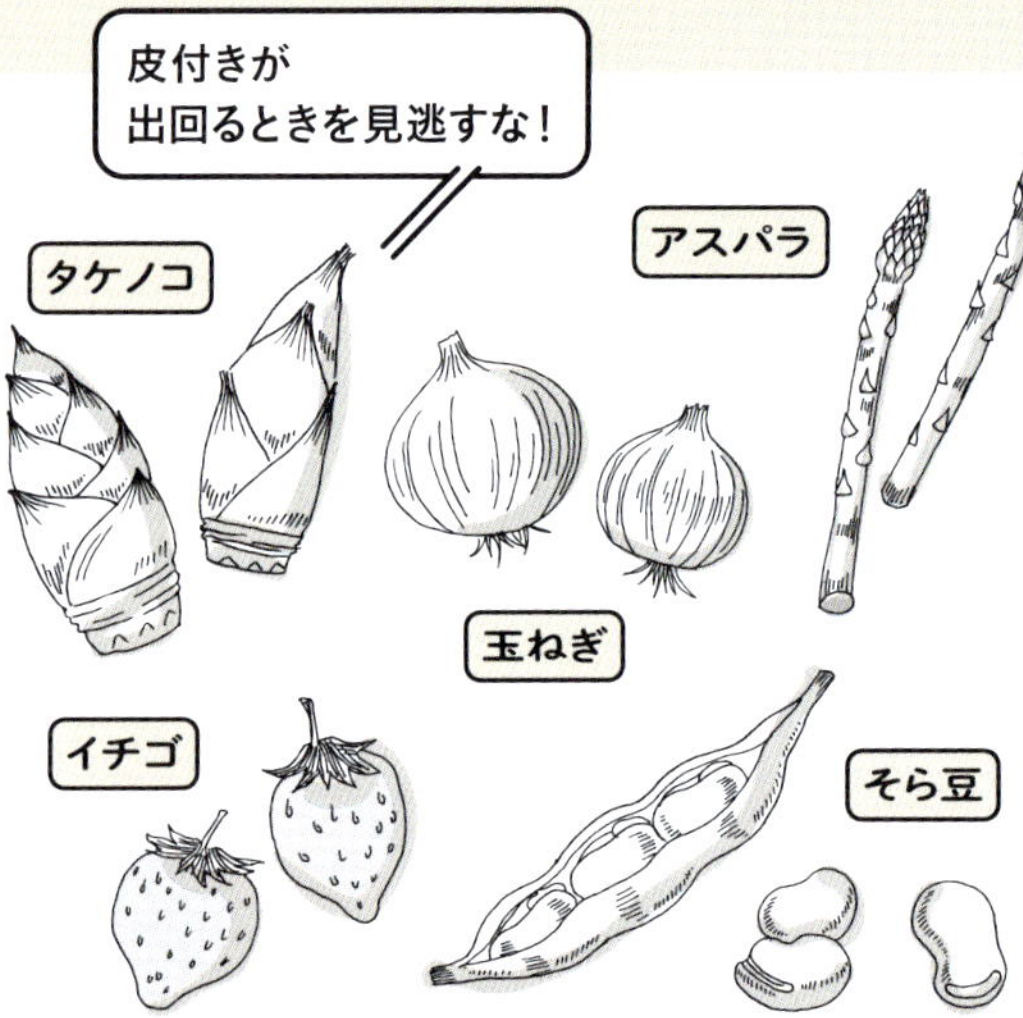

\ 春の訪れとともに
限定野菜がズラリ /

春

3月～5月の春野菜は、寒さを乗り越えた新芽やみずみずしい野菜が豊富だ。なかでも、そら豆をさやごと焼き、中身を覆っている白いワタをスプーンですくって食べると美味だ。

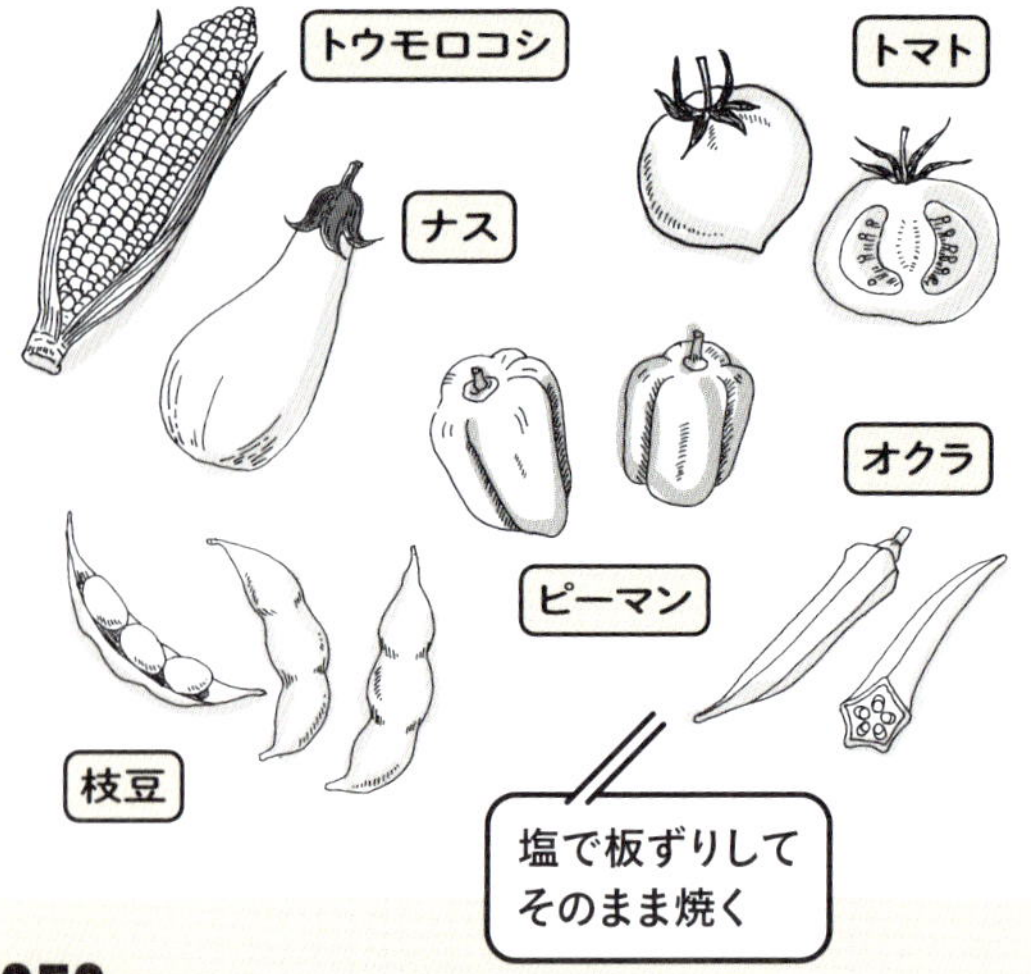

\ カラバリが増え
テーブルを華やかに演出 /

夏

6月～8月の夏野菜は、太陽の光をたっぷり浴びた、ツヤツヤな野菜が旬をむ迎える。ナスやピーマンはオリーブオイルを皮の表面に塗って、丸ごと焼いて、豪快に食べてほしい。

とにかく野菜が高い。あるとき、妻が持っている買い物カゴに何気なく500円のレタスを入れたら、睨まれた。それほど財布にも夫婦間にも影響大である。以前ならBBQのサブ的存在であったが、価格上昇とともに存在感が増している。採り入れ方ひとつで、焚き火メシのメインにもなりうるし、野菜レシピが増えることで、グッとテーブルが豊かになる。

食欲の秋は
野菜メインのレシピだ

秋

9月～11月の秋野菜は、腹に溜まるイモ類が登場してくる。秋に獲れる椎茸は“秋子”と呼ばれ、香り豊か。串焼きにして、醤油を垂らせば、ほっぺが落ちるほどの美味しさだ。

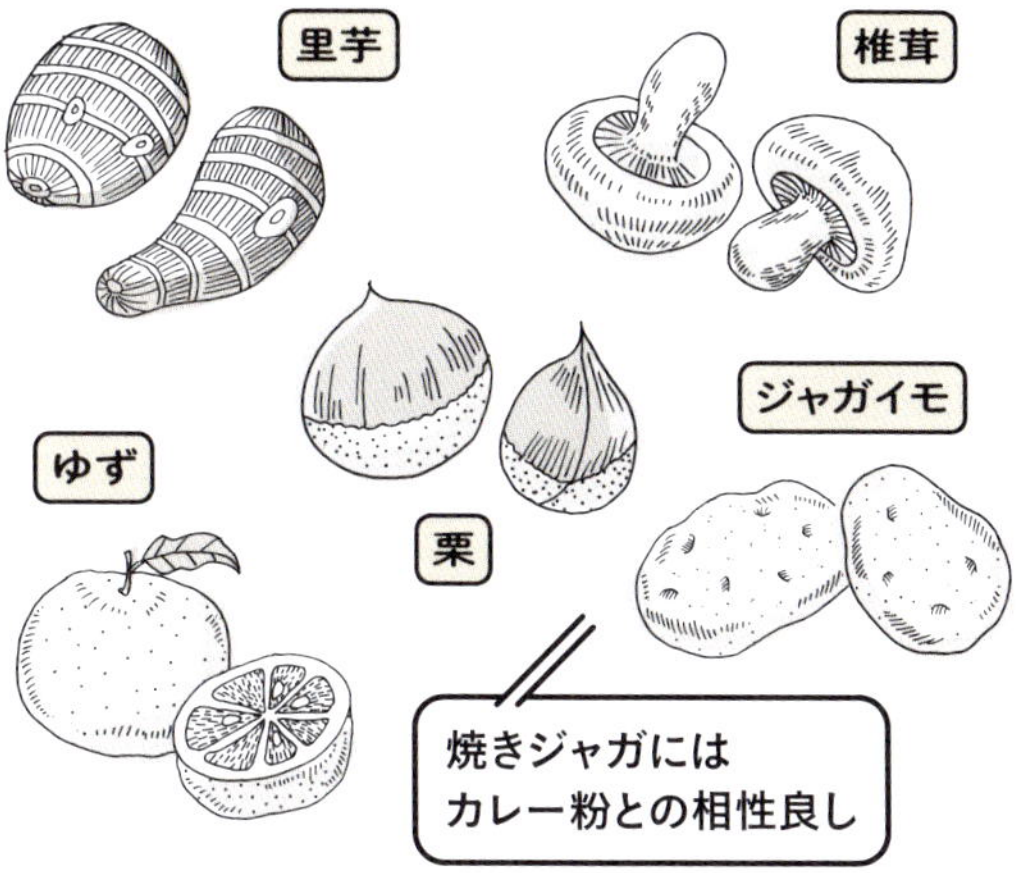

鍋レシピに欠かせない
野菜が多い

冬

12月～2月の冬野菜は、特徴として体を温める効果があるとされている。たとえば栄養素たっぷりなニンジンは、そのまま焼けば、素材本来の風味と甘さがより引き出されていく。

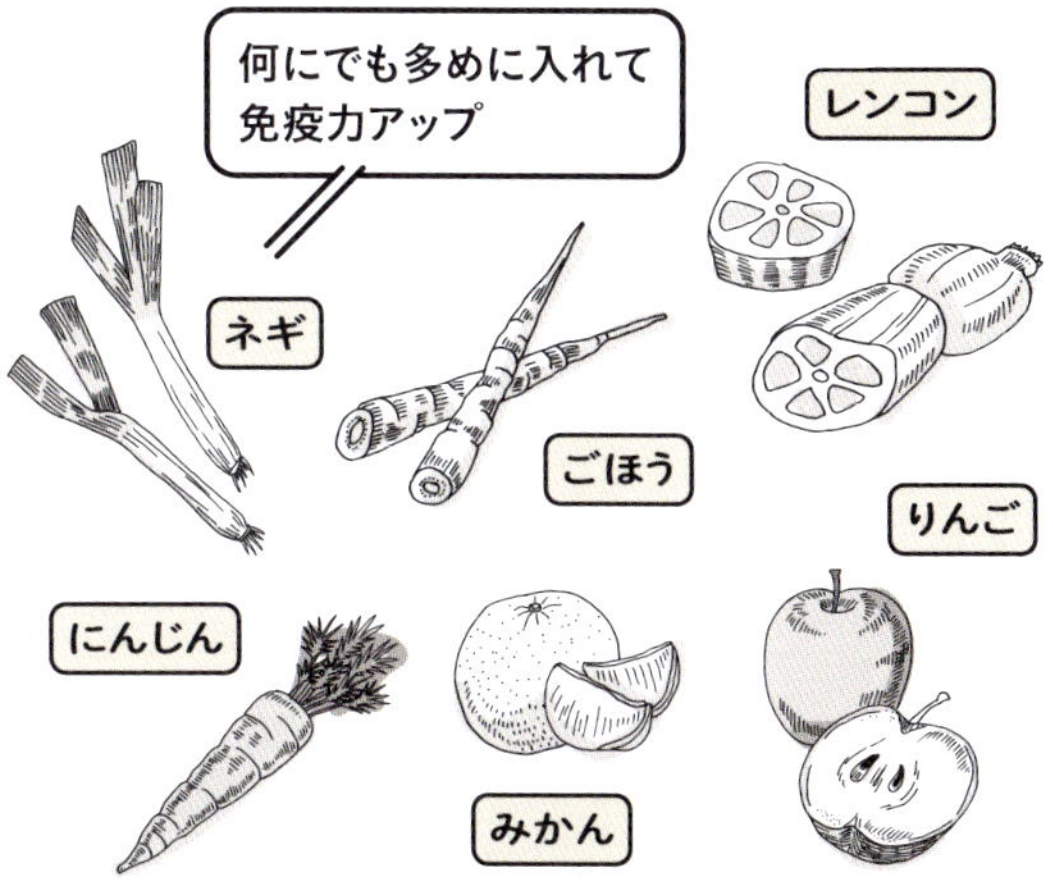

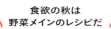

素材を焼くだけ

どんな食材でも焼けば、それなりになる。
シンプル・イズ・ベストだ。
焦げても、焚き火メシでは、最高の調味料になる。
とりあえず焼くべし！

全体が丸焦げになったら、取り出して剥く

材料

みかん

01 焼きみかん

丸焦げにすればするほど旨味がギュッ

みかんの味変には塩を

今では、みかんを焼くこと自体驚かれてしまう。昔はストーブの上に乗せて、焼いていたものだ。遊び心が出ていろんなものを焼き、ストーブの上が焦げて汚くなっていたのを思い出す。正月行事の〝どんど焼き〟でも木の枝に刺して、炙ったりしていた。熱を加えることで甘くなり、皮がペロッと剥ける。エアコンが普及し、日本の伝統文化〝コタツでみかん〟が難しくなったので、せめて焚き火の前で食べてほしい。

02 豪快ステーキ

じっくり焼けるのを待てた人だけが食す肉

グリルしたパプリカやマッシュルームを添えると◎

仕上げに醤油、バターで絡め焼き

肉は常温に戻してから焼く

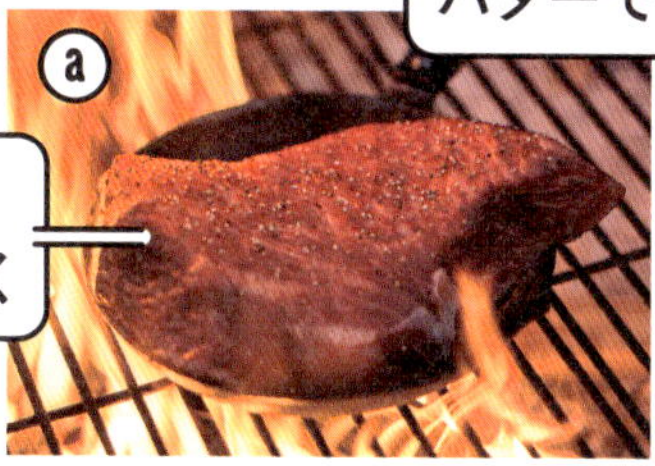

材料
1. 和牛ももブロック肉
2. マッシュルーム
3. パプリカ
4. バター
5. ブラックペッパー
6. にんにくチューブ
7. 美味しい醤油

肉の芯温63℃まで待つ！温度計あると便利だよ

MATSUKURA

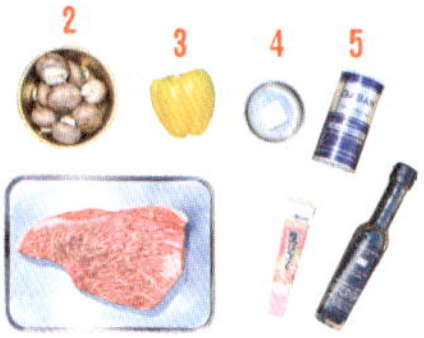

焚き火だと炎を楽しみながら塊肉が焼けるのをじっくり待てる。フライパンだと、肉が早く焼けてほしい一心で、こうはいかない。この違いで雲泥の差がつく。醤油と胡椒を振った肉の表面を焼いたら、脇に寄せて保温しつつ、その間焚き火を楽しむ。肉を焼いていたことすら忘れた頃、中心部に竹串を刺し、肉汁を押し出し透明になったら、仕上げに醤油、バターで絡め焼き。肉を厚切りし、にんにくをつけて完成。

03 巻き巻きパン

材料

CAMPan

CAMPan

MATSUKURA

パンを焼きたい！と思うことはこれまであったが、面倒だろうと避けてきた。しかし、あるキャンプ場でCAMPanを見つけてしまった。解凍したら棒に巻きつけて焼くだけで、ふっくら香ばしいパンに。まずは、パンを巻く最適な棒を見つけられるかどうか。宝探しを楽しむところからスタート。焚き火で炙りながらパンを作る工程は、まさに浪漫だ。

絶妙なサイズの棒を探すところから調理開始

巻き方も人によって個性が出るね～

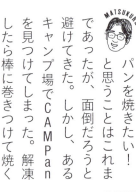

04 トウモロコシ焼き

実が見えたら出来上がりの合図

濡れた新聞紙で焼き芋を包む要領で、皮を濡らしてから焼いても◎

アルミホイルを使い、なんでも包んで焼いていたが、あるとき食後のギトギト銀紙が無性に汚く感じてしまった。それ以降、調理ボックスには入っていない（使うことや借りることはある）。あれば良かったと思うことはあるが、一か八かそのまま入れてみたら皮がしっかりアルミホイルの役割をしたので、ゴミ削減にも繋がっている。

材料

トウモロコシ

05 焼き氷

材料

1 ロックアイス
2 ほりにし
3 ごま油

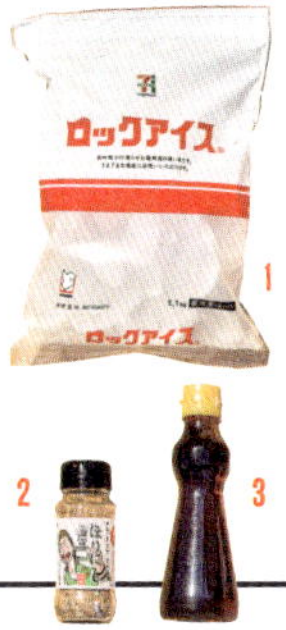

氷にかけるのは
“ほりにし” 史上初!?

なんでも焼いて かければ料理になる

アジアのどこかの屋台で売られている動画をSNSで見かけ、なんて逞しく、おバカなのだと思った。と同時にちょっと食べてみたくなり、自分なりにアレンジしてみた。油切り鍋を使うことで、穴から炎が入り込み、調理過程のエンタメ感が増す。熱してから氷を入れ調味料を豪快にかけ、炒飯を作るように鍋を振り、氷に満遍なく行きわたれば完成だ。溶けることもなく、暑い日の前菜にうってつけ。ただ食いつきは良いが、食いは悪い。

06 冷凍枝豆

材料

冷凍枝豆

INO

キャンプではついつい食材を多く買ってしまい、クーラーボックスに入りきらないことがある。なかでも氷が幅を利かせてくるから厄介だ。そこで氷の代用品として、冷凍食品に、その役目を果たしてもらっている。冷凍食品なら調理も失敗することなく、味も保証されている。枝豆に焦げ目が付くまでじっくり火にかけると、香ばしさと見た目がアップする。

お役御免で
あとは食べるだけ

料理が苦手なら
冷凍食品キャンプから

07 にんにくの丸焼き

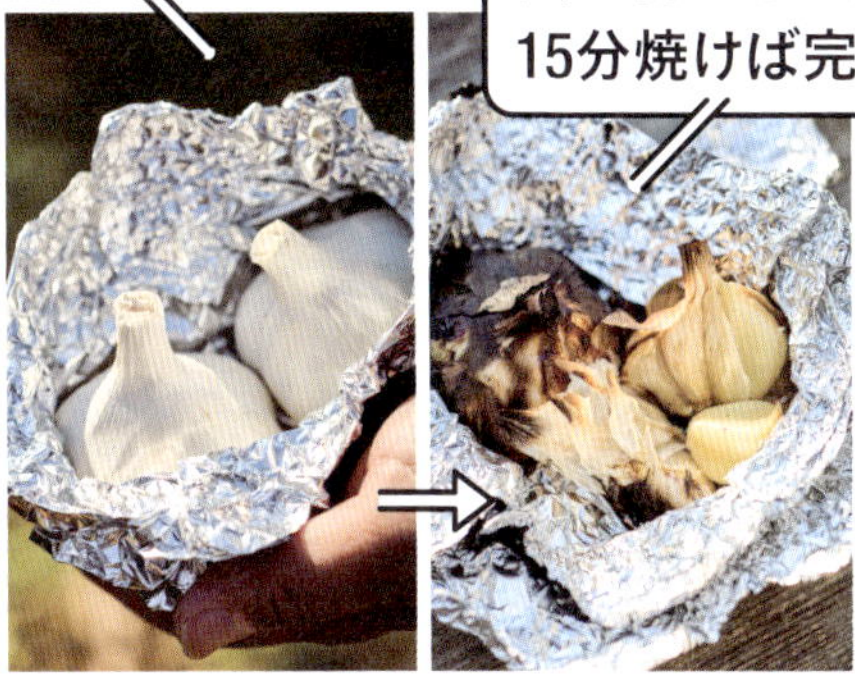
厚手のアルミホイルにしっかり包み込む
火が弱いところで15分焼けば完成

材料

1 にんにく
2 塩
3 オリーブオイル

1
2
3

にんにく生産者さんが教えてくれた美味しい食べ方

MATSUKURA

「G飯の素」でお世話になっているにんにく生産者・吉田さんに、一番美味しい食べ方を聞いたのだから間違いない。じっくり焼いて、塩とオリーブオイルの味付けのみ。シンプルだから素材の味を感じることができる。噛みしめた瞬間に、にんにくのイメージが変わると思う。ねっとりと柔らかく濃厚な甘さは、まるで焼き芋のよう。

08 焼きイチゴ

材料

イチゴ

イチゴを焼くなんて！ と言わず、焼いてみて！

焼く前にひと口。
食べ比べしてみて！

INO

特定の匂いを嗅ぐと思い出が蘇ることがある。イチゴを焼いているときの香りで、台所に立つ母親を思い出した。親戚のイチゴ農家のおかげで不自由がなく、いつも余ったイチゴは最終的にジャムになっていた。甘い芳香が漂い、母親の隣にいる自分がいた。そんな甘酸っぱい思い出に浸りながら、焼いた記憶がある。大きいイチゴほど香り成分が多く、嗅覚でも楽しめる。ちなみに母親は、今日も元気に過ごしています。

やっぱ生かな!?

材料

卵

09 焼き卵

面倒を見ないと成功率50%!?

熱いので、しっかり冷えてから剥く

破裂した例。無残だが味は同じ

INO

結論から言うと、普通にゆで卵を作った方が数倍、ラクである。直火でもゆで卵のようにしっかり固まるが、手間がかかりすぎる。火力にもよるが、常にゴロゴロと約20分間は動かさないといけない。殻の表面に水滴が現れると中身が膨張し始める合図。これを見逃し放置すると、破裂するので注意したい。

串を茎に変えれば
味も変わる

10 ローズマリーの茎串焼き

茎の根元を刃物で尖らせると刺しやすい

フレンチビストロ「ウグイス」のオーナーシェフ紺野真さんが、豚肉とパイナップルを竹串の代わりにローズマリーの茎に刺してグリルしていた。オシャレで真似できると思ったが、生肉を刺すことさえままならなかった。そこで惣菜の焼き鳥をいったん串から抜き、刺してみた。空いている穴を利用し、刺し直して焼けば、見栄えも◎。

材料

1 ローズマリー
2 温めるだけの焼き鳥

1

2

数ある燻製なかで一番のオススメ

11 燻りチップス

チップは捨てず
燃やせば香りを楽しめる

スキレットが熱されたら
2分後には蓋を開ける

INO

燻製器を持っていなくても蓋があれば、どうにかなる。まずアルミホイルを鍋底に敷き、食材を載せる。そのまわりに燻製チップを敷き詰め、蓋をして火にかければ、即席燻製になる。香りがちょっとでも付けば、それでいい。チーズや卵、ベーコンもあるが、ポテトチップスのうすしお味が一番だ。練り物なども試してほしい。

材料

1 ポテトチップス
2 燻製チップ

Calbee
ポテトチップス
うすしお味
1
2

12 オレンジの輪切り

食べなくてもいいから添えてみて

材料

オレンジ

網目がつくまで焼くこと

キャンプでは好きなものを好きなだけ食べてしまう。そうなると必然的にお皿の上は味気ない彩りになる。自分の分だけならよいが、人様に出すとなると格好がつかない。そこでフルーツなど色味が異なるものを焼き、添えるだけで不思議と料理が引き立つ。キャンプ飯はどうしても濃い味になるので、食べれば口の中がスッキリする。

13 多目玉焼き

大目玉を食らわぬよう
責任をもって、
全部食べました

a
黄身が割れても
ご愛嬌だ

b
味気ないので
ハムも添えて

材料

1 生卵3パック

2 ハム　3 ほりにし

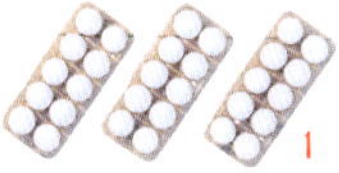
1

2
3

INO

料理の腕に自信がないので、インパクトがある調理器具に目が行ってしまう。このフライパンも中古厨房機器店でひと目惚れ。本来はパエリア用だが一度も作ったことはなく、大人数のときにここぞとばかりに登場させ、みんなが驚く顔を楽しんでいる。大きいフライパンは、焼けむらや焦げる心配があるので、油は多めに。水を入れ、蓋の代わりにアルミホイルで覆い、蒸し焼き。集合体恐怖症の方、ごめんなさい。

白身が固まるまで焼く。
味付けはご自由に！
（私はほりにし）

14 失敗しない ソーセージ焼き

皮割れ、生焼け カッコ悪い

材料
ジョンソンヴィル

「とりあえずビール」的な存在ながらも、意外と上手く焼けないものだ。串で刺して炙るだけなのに、皮が破れ、中身がぬるいなんてことがよくある。一品目から失敗すると、テンションも下がってしまう。ホットサンドメーカーに無理やり入れて、蒸し焼きにすればパリッとフワッとする。コツは、水分がなくなるまで火にかけること。

焦げが心配なら
無理に焼かず
水を入れ蒸し焼きに

15 まぐろとほたての串焼き

居酒屋で食べた
串が忘れられなくて

材料

1 刺身用マグロ
2 刺身用ほたて
3 ネギ　4 塩　5 醤油

1
2
3
4
5

MATSUKURA

猪野さんと居酒屋で一杯やったとき、悶絶するほど旨かったマグロの串焼き。翌日も猪野さんが食べたそうな顔をしていたので、すぐ作れるように記録しておいた。焼き鳥の串打ちは面倒だが、刺身なら苦労なくできた。串を通したら表面をサッと炙る。醤油が焼けて香ばしさが出る。卵黄に漬けても美味。

a
下味は
両面に塩を振る

b
醤油で均一に
優しく味付け

16 タケノコ そのまま焼き

材料

1 採れたての タケノコ
2 醤油
3 わさびチューブ

1　2　3

皮がアルミホイルの役割になる

掘りたては品種によって生でも食べられるが、大半はアク抜きをしないと食べられたものではない。幸いなことに近所に竹林があり、春になると採れたてをそのまま焚き火にツッコんでいる。じっくりと加熱し、ワサビ醤油で食べるのが、毎年の楽しみ。父親に教わったのだが、こういう旬な食べ方は年の功である。アウトドア教本やレシピ本より、年配者の生活の知恵のほうが、身につき、役に立つことは確かだ。

最低20分は
火の中に入れる
a

不安になるくらいの
丸焦げに
b

半分にカット
してから皮を剥く
c

私の春の定番料理。
山椒の葉を添えても

焼けていく音を
堪能してほしい

17 こんにゃくの串焼き

刻んだネギや
ミョウガを足しても合う

肉が「ジュージュー」焼ける音はなぜか心地良く、ずっと聞いていられる。ただ肉は限界があり、焦げてしまう。その音を追い求めて辿り着いたのが、こんにゃくである。水分量が約97%あり、型崩れせず、放っておいても丸焦げになる心配がない。BGM代わりとして、無駄に焼いている。たまに「キューキュー」と異音がする。

材料

1 玉こんにゃく
2 刻みのり
3 かつおぶし

「そんなバナナ!」な出来上がりに

18 まるごとバナナシラスあえ

材料

1 バナナ
2 しらす干し

1
2

焼き過ぎたかな〜
が、丁度良い

INO

皮ごと焼くだけで旨味が凝縮する。砂糖やシナモン、アイスクリームをかければ、バナナが最高の逸品に。ただ、私としては面白くない。そこでポテトチップスにチョコレートがコーティングされたお菓子のように、ひと口で甘じょっぱさ感じさせたく、用いたのがシラス干し。オリーブオイルの風合いと、絶妙な塩味と甘味がクセになる。

19 牛タン串焼き

鉄串があると
ツウに見える!?

両面がしっかり
焼けるまで待つ！

材料
1. 牛タン
2. レモン
3. お好みのスパイス
4. カットネギ
5. フライドガーリック

取り合いになる極上の串焼き

MATSUKURA

牛タンを焼肉にする人は多いと思うが、串焼きにする人は少ないと思う。このひと手間が、今までの牛タン焼きの既成概念を壊し、ちょっとした驚きと、「ウマそ〜！」に変わる。焚き火で燻されて風味がつき、欲望のままにかぶりつきたい野性味ある牛タンへと変貌する。手順は簡単だ。肉をスパイスで味付けして、焼く。皿に盛ったら、レモン、カットネギ、フライドガーリックを振りかける。その頃にはきっと、腹をすかせたギャラリーの手が、焚き火まわりに忍び寄ってきているはずだ。

レモンや薬味をのせれば
オシャレに見える

塩レモン、お好きでしょ?

20 鶏手羽塩レモン

両面にしっかり塩をまぶそう

MATSUKURA

塩かタレか。醤油メーカーのプライドで、焼鳥は常に醤油のきいたタレを選んできた。「タレが1番だわ〜」と言ってきた。でも、本当は、塩の焼鳥の方が好きだった。誰にも見つからないように、こっそり塩で食べてきた。美味しい塩で味付けした鶏手羽に輪切りレモンを挟んで、肉に火が通るまで焼く。これだけでいいのよ、焼鳥は。

材料

1 手羽先
2 レモン　3 塩

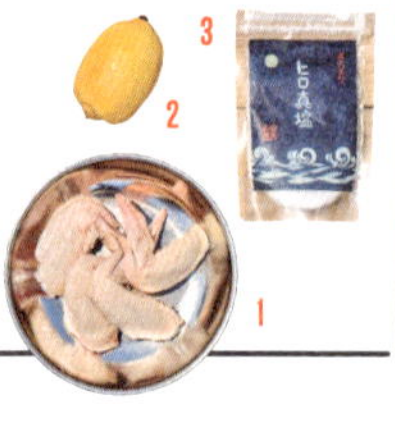
3
2
1

21 フェザースティック焼き

食材は引いて切る。
木は押して切る

材料

1 ウィンナー
2 ソーセージ

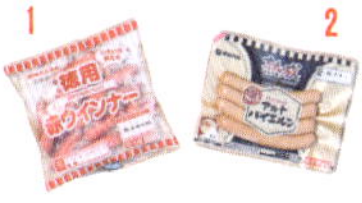

火起こしで木の棒をナイフで羽のように薄く削る、フェザースティックという着火アイテムがある。刃物の扱いが上手くないとキレイに毛羽立たない。そこで刃物に慣れるために食材でも鍛錬をする。「食材で遊ぶなんて!」と思われそうだが、刃を入れることで、火が通りやすくなる利点もある。見栄えはキモいが、努力は怠れない。

いつだって 練習あるのみ

22 簡単焚き火茶

そろそろ、お茶にしませんか？

同時進行でお湯を沸かすと効率が良い

右が煎る前。自分好みの深煎り・浅煎りができる

ペーパーフィルターでも入れられる

お茶で一服が至福のとき

INO

アウトドアシティを掲げている三重県いなべ市。年数回、焚き火イベントの講師として呼んでいただいている。そこで特産の〝石榑茶〟を使い、ほうじ茶作りを行っている。緑茶をシェラカップに入れ、名前の通り焙じれば、数分でほうじ茶になる。一目瞭然で色が変わるが、フリフリしてないと焦げてしまう。煙が出るようだと焦げ始めている証拠で、焦げ茶は美味しくない。お茶はもちろんだが、燻製のチップとしても活用できる。

材料

緑茶

材料

1 マッシュルーム　2 エリンギ
3 サーモン　4 パプリカ　5 エビ

23 ウッドプランク焼き

魅せるなら塩は
高い位置から振る!?

木の板が燃え始めたら
出来上がりの合図

1枚の板が4役してくれる

木の板ごと焼く調理法がある。半日、水に浸した一枚板の上に食材を置き、蓋をして火にかける。アルミホイルでも問題ないが、蓋のほうが焼け具合を確認しやすい。水分を含むことで板が燃える前に食材が蒸され、その煙が燻製の役割になる。完成したあとは、そのまま薪として燃やせば、洗う手間が省ける。調理器具、燻製、皿、薪になり、なにより見栄えが抜群。味付けは塩だけで十分だが、具材まわりに振っておけば、燻製塩になり、ツウっぽさも演出できる。

焼いて

挟む・混ぜるだけ

食材同士がギュッと重なり、濃厚な味わいになる。お好みの具材を組合せて食材のミルフィーユを楽しみながら、挟もう！混ぜよう!!

24 BLTバーガー

焼き色がつき、
チーズが溶けるまで焼く
ベーコンと
チーズを
一緒に焼くのが
ポイント

材料

1 バンズ　2 レタス
3 トマト　4 チーズ
5 ベーコン　6 卵
7 マヨネーズ
8 ケチャップ

最後に目玉焼きを
のせれば画になる

まさか、ハンバーグを忘れた!? そんなときに

MATSUKURA

メインの食材を忘れると焦る。でも、そんなやらかしもキャンプの醍醐味。仕方ない、忘れてしまったのだから……と手元の食材だけで作ったら、絶品だったハンバーグのないBLTバーガー。作り方

は、バンズを焼く。チーズとベーコンを一緒に焼く。レタス、トマトをのせたバンズに溶けたチーズとベーコン、目玉焼きをのせる。マヨネーズとケチャップをかけ、バンズで挟む。主役不在でも物語は完成する。

25 焼きそばパン

混ぜないが
隅々まで振りかける

表面がカリっとし
きつね色になるまで。
こまめに開けて、確認

a

b

材料

1 焼きそば 2 食パン
3 キャベツ 4 豚肉

うるもち食パン

1 2 3 4

混ぜるな、かけるだけで問題なし

INO

キャンプメディア「ハピキャン」で共演した放送作家の山口トンボさんと奥様の理緒さん。そこで奥様が披露してくれた作り方に度肝を抜かれ、混ぜないようになった。別で焼きそばを作らずとも一気にできてしまう。炒めた肉とキャベツ、麺を一緒に敷き詰める。ソース粉をかけてホットサンドメーカーで焼くと手品みたく全体にソースが絡んでくれている。

26 焼き明太バターライス

今日だけは食べてもいい。
それがキャンプ飯

材料

1 明太子
2 ご飯
3 カットネギ
4 バター
5 ほりにし

MATSUKURA

これはキャンプ飯なのか……疑問に思ったが、ただ食べたいと思いから、作ってみた。批判覚悟で私のSNSで投稿したところ、真似してくれる方が多く、好意的な意見が多かったメニューでもある。

ご飯の上に明太子、ネギ、バターをのせて、ほりにしで味付け。ホットサンドして、両面に焼きあとがつけば完成。ジャンキーな焼き明太バターライスを喰らえ。

味付けは、
ほりにしとバターだけ

27 ブラックサンダーバナナサンド

a
ブラックサンダーの
ザク旨な食感がクセになる

b
両面に焦げ目が
ついてきたら完成。
焦げすぎないように!

材料

1 食パン
2 ブラックサンダー
3 バナナ　4 バター

チョコバナナをバレずに腹いっぱい食べたい

MATSUKURA

娘のことを考えてできたと公言してきたが、実はチョコバナナ好きな娘がブラックサンダーとバナナを挟んで焼いたら美味そう!と言ったことからレシピが生まれた。娘からパクったメニューなのだ。やってみるとチョコのザクウマ食感がたまらなく美味しい。他のチョコでも試したが、これが1番美味い。バターとブラックサンダー3個、バナナ1本をスライスして食パンで挟み、ホットサンドで焼くだけ。娘よ、パクった、すまん。

28 絶品ガーリックライス

ジャンキー、ワイルドお任せあれ

材料

1. ご飯
2. ネギ
3. 大葉
4. たくあん
5. ベーコン
6. G飯の素

焼けば香りが漂い、隣サイトからキャンパーが群がってくる、まさにGホイホイ!!「G飯の素」をご飯に混ぜて焼くだけ。刻んだネギとベーコンに、大葉、たくあんでジャンキーな味わいに爽やかさを演出。ひと口めから「これ、ウマ!」と言ってもらえる絶品ガーリックライスだ。「にょんにょご渋谷店」中山シェフ直伝の味。合法でトベる、それがにんにく。

大葉、ベーコンなどは最後にのせるだけでも◎

千切りキャベツと卵で「まるで」……?

29 生地いらずのお好み焼き風

材料

1 千切りキャベツ
2 ベーコン
3 卵　4 天かす
5 青のり
6 かつお節
7 マヨネーズ
8 どろソース

千切りキャベツと天かすに溶き卵をよく混ぜてホットサンドで焼き、ソースとマヨネーズをかけるだけで、お好み焼き風になる。粉を準備する必要も溶く必要もなく、洗い物だって少ない。これ、考えた人、きっと天才だと思う(えへへ)。ベーコンとキャベツをふんわりと固まるまで焼いて、青のりやかつお節をかけると、さらに本格感アップ!

どろソースが
辛さと濃厚さを演出

a

b

ちゃんとした
お好み焼きの味に!

30 牛肉と卵の黒アヒージョ

アヒージョの味付けに醤油の選択肢を

a
素材を香ばしくグリルする

b
醤油がアヒージョを美味しくする

c
オイルを入れ、グツグツしてきたら卵を落とす

MATSUKURA

アヒージョは、素材の味を楽しむものだが、そのシンプルな味付けに物足りなさを感じているのは私だけだろうか。それを解決する調味料が醤油だ。香ばしさとコクがつく。オススメは肉と卵の黒アヒージョ。黒胡椒を振ったサイコロステーキとマッシュルームをバターで焼いて、醤油、オリーブオイル、にんにくを加えるだけ。途中で、卵を落とし、固まったら完成。醤油を隠し味にした千葉県の新ご当地グルメ。

材料

1 サイコロステーキ
2 卵
3 マッシュルーム
4 醤油　5 バター
6 オリーブオイル
7 にんにくチューブ
8 黒胡椒

焚き火メシのコツは

調味料

お気に入りの調味料を一つだけ使うのもよいが、調味料とメニューの相性の良さを知って使い分けると、素材の良さを引き出せるようになる。上手に調味料を頼ってほしい。

STANLEY
RICE BRAN
OIL SPRAY
国産こめ油スプレー
URANONOUEN
SUZU RICE
EXTRA VIRGIN
YODEL
万能
クッキングたれ
Yummy!
ヤミー!!!
ガーリック&ペッパー
さっぱり・まろやか
昆布
ぽん酢
鍋もの・焼き魚
サラダ・ぎょうざ
500ml
ぱぱっとちゃんと
ヤマサ
これ!うま!!つゆ
料理初心者から上級者までこれ1本
かつお節・昆布・煮干しのおいしさ
500ml・濃縮タイプ
Teriyaki
Oyakodon
Udon
Rocky Mountain
MEGA
MARSHMALLOWS
MADE IN THE U.S.A.
S&B
辣油

ワタシの
自信作、
G飯の素！

「調理」は得意じゃないけど「料理」は大好きな人へ――

野外で食べるために買った食材は、普段の食事よりも、奮発していることが多い。買い出しのときは、楽しみの前のハイテンション状態で、すでに非日常の感覚でフワフワしているから、つい普段食べない美味しそうな食材を選びがちである。

調理はもともと得意ではないが、料理が好きな私は、ちょっと奮発して買った食材を使い、調理工程をなるべく簡素化して、すぐに美味しく出来上がる方法を模索してきた。そこで導き出された自分なりの結論――すぐに美味しい料理を作るコツは、良い調味料を使って（使い分けて）、サッと味付けすること。特に焚き火メシにおいては、これに限る気がする。

言うまでもなく、一つの調味料で何でも味付けすることは悪いことじゃない。ただ、さまざまな調味料の知識があるだけで、調理の幅も広がってくる。さらに、「これ食べるなら、この調味料を使うといい！」という相性が分かってくると、料理へのこだわりがあるように感じられて、まるで自分がシェフになったような気分になれる（気のせい？）。

SNSで毎日キャンプ飯の料理を投稿するなかで、「この料理ならコレ！」といったお気に入りの調味料が分かってきたので、本項では、キラーメニューとともに、オススメの調味料（厳密には調味料ではないものも含めて）紹介させていただく。料理不得手な方は特に、焚き火メシのおともに！

調味料を使い分け、サッと味付け。焚き火メシは、これに限る

すぐオイシイ!

最強の調味料

キラーメニューも紹介!

ここで紹介する調味料は、私がオススメする調味料の、ほんの一部でしかない。悩みに悩んで選び抜いたラインナップがこれだ。

バカみたいにかけていい。かけまくっていい

バカまぶし

KILLER MENU
ラムチョップ

バイきんぐ西村さんプロデュース。クミンのスパイシーな香りと旨みで美味しく食べられる。塩味がないため、バカみたいにたっぷりかけて楽しめる。ラム肉との相性は特に抜群。

振って、寝かせるだけで香川名物「骨付鳥」に

骨付鳥スパイスパウダー

KILLER MENU
チキンソテー

鶏もも肉にスパイスパウダーをかけて、冷蔵庫に1日寝かせて焼けば、本格的な味が保証される。ガツンとした味わいなので、自宅はもちろん焚き火メシでもバッチリである。

アウトドアだけじゃない。スパイスの王道

ほりにし

KILLER MENU
サイコロステーキ
魚のスパイス焼

ガーリック、胡椒のバランスが絶妙。スパイスにはミルポアパウダーで香味野菜の深み、陳皮で後味を爽やかにと、こだわりが随所に感じられるアウトドアスパイスの王道的な存在。

万能スパイス

サッと振りかけるだけで食材の美味しさを引き立てる万能スパイス。それぞれのスパイスの特徴を活かすメニューを見つけてほしい。

あの大好きな ポテトチップスの味になる

サワークリームスパイス

KILLER MENU
ポテト、サラダ

ポテトチップスで想像しやすいサワークリームオニオンのちょっとクセになる味わい。スパイスだけを舐めてもやみつきになる。まずはポテトにかけて食べてみてほしい。

選び抜かれた配合と 和風だしのきいた美味さ

まっくす

KILLER MENU
ベーコンエッグ

だしの旨味がきいて、日本人好みの味わい。素材の味わいを活かすというテーマで作られたMAXCAMPさんの美味しいスパイス。辛さは控えめなので、子どもも食べやすい。

ただの辛さじゃない。 クセになってしまう

OJISUPA（オジスパ）ピリピリするの。

KILLER MENU
手羽先焼

花椒の香り、旨味のきいた深みのある辛さ。辛党にはたまらないスパイスだ。何といっても鶏肉との相性がバツグン。焼き鳥や手羽先の味付けに挑戦してほしい。

アウトドアメーカーと だし専門店のコラボ

TAGI＋SHIM

KILLER MENU
TAGI ステーキ、SHIM 鍋

九州のあごだし専門店とトウキョウクラフトが共同開発。肉スパイス「滾」は燻製パプリカと強めのガーリックが香る。和風スパイス「沁」はあっさりながら旨味が凝縮。

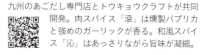

液体シーズニング

見たことがない調味料が多いかもしれないが、個性あふれるものばかり。どれも濃厚でコクがあり、焼いたときに出る香ばしさが絶品。

ステーキソースのようなドレッシングのような

まっくすだれ

KILLER MENU
冷しゃぶ

玉ねぎすりおろしと柑橘の爽やかさが特徴。ごま、にんにくもアクセントに。冷しゃぶサラダに相性抜群で、ドレッシング感覚でドバドバ使えるタレ。ステーキや焼肉にも合う。

肉汁が合わさると突き抜ける味わいの醤油

ソヤノワール

KILLER MENU
焼肉

ちょっと特別なこだわりの醤油。旨味が非常に強く、濃厚な味わい。焼き上げれば鼻腔をくすぐる良い香りで、焼肉の味付けに使うと肉汁と合わさり、絶品のタレに変身する。

ソースの底にたまった濃厚なドロが美味いのよ

どろソース

KILLER MENU
お好み焼

普通のソースとは異なり、ウスターソースの沈殿部分を利用して旨味、辛味を凝縮させたどろっとした辛口濃厚ソース。非常にクセになる味わい。マヨネーズとの相性も抜群。

洋食ハンバーグ店のソースのような美味さ

CAMPソース

KILLER MENU
鶏肉、ポテトサラダ

ファミリーキャンプ場の「キャンプ・アンド・キャビンズ」が手掛けた、子どもも楽しめるソース。本場のBBQソースによくあるクセがなく、トマトベースの深い味わいとコクが最高。

ド直球の商品名に相応しい美味しいタレ

うまいたれ

KILLER MENU
野菜炒め、ジンギスカン

山形県米沢市のご当地調味料。各家庭に必ず常備されているほど。かつおだしがたっぷり入った醤油風で、山形名物芋煮から天つゆまで使え、どんな料理にも合い、やみつきになる。

絶品ガーリック

“やみつき”代表のにんにく。それを活かした調味料は旨いに決まってる。ずるい。でも、好き。にんにくは正義だ。遠慮なく喰らえ。

塩胡椒じゃなくて、塩にんにくで行こう！

mog 塩

KILLER MENU
焼き鳥、牛タン

青森県産福地ホワイト六片種のにんにくと、津軽海峡の塩でできた深い味わいのにんにく塩調味料。持ち運びに便利な小型容器も助かる。塩胡椒の代わりにこれ1本あればいい。

日本人がギリギリ好きなエスニックを演出

T スープの素（トムヤムガーリック味）

KILLER MENU
トムヤムクン、おでん、餃子のタレ

レモングラスで爽やかな味わいのトムヤムペーストと、青森県産にんにくの旨味を感じるスープの素。パクチーは入っていないため、苦手な人も美味しくエスニックを堪能できる。

余計なものが入っていないシンプルなやつ

よしだやのにんにくチューブ

KILLER MENU
カツオのたたき

青森三戸町のにんにく生産者よしだやさんがこだわり抜いた本物のにんにくチューブ。原材料はにんにく、ワイン、塩のみで、にんにくのフレッシュな香りと旨味を堪能できる。

どんなものにもかけたくなるなめ茸ガーリック

スタミナ１番スパウト

KILLER MENU
ご飯のおとも

にんにくと辛味でパンチのきいた美味しいなめ茸。ご飯が何杯も進む。スパウトパウチで持ち運びやすいのも便利。自衛隊でも食べられ、ご飯のみならず冷奴、BBQとも相性が良い。

SNSやテレビで話題の最強にんにく調味料

G 飯の素

KILLER MENU
ガーリックライス、ペペロンチーノ
ガーリックシュリンプ

ご飯に混ぜて焼くだけで絶品ガーリックライスの完成。青森県産にんにくにこだわりのオイルで、香り高くジャンキーな味わいに。赤ワイン、醤油もろみで味に深みを感じる。

ツブツブのマスタードが口の中で弾ける

ゴールデンマスタード
(左)ゴールド (右)ブラック

KILLER MENU
ソーセージ

マスタードシード（からし菜の種）は弾ける食感が楽しい。左は白醤油を使い酸味と甘みのバランスがよく、右はたまり醤油ベースで、慣れ親しんだ味わいの仕上がり。

たまにはスパイスからカレー作りませんか?

スパイスカレーチキン

KILLER MENU
スパイスカレー

本格的だが日本人好みのスパイス感というか、そんな味わいを極めたような美味いスパイスカレーが出来上がる。チキン以外にもバラエティに富んだ種類があるのも嬉しい。

ピューっと自由に回しかけて料理を楽しめ！

Yummy!
ガーリック＆ペッパー

KILLER MENU
ポークソテー

料理を楽しむ！がコンセプトのパンチのあるにんにくダレ。トンガリキャップで、ピューっと出して感覚的に味付けができる。ポークソテーが絶品で、ケチャップとも相性が良い。

にんにくと醤油って間違いないでしょ

にんにく正油粉

KILLER MENU
魚のソテー

元和食料理人、キャンプで有名なミツさんプロデュース。青森県産のにんにくと醤油、塩で美味しいパウダー。特にバターと相性が良い。ドバドバと遠慮なくたっぷり使える。

アウトドア系食品

調味料ではないが、気にしてはいけない（笑）。
アウトドアにオススメの逸品たちを紹介する。
ぜひとも、使い勝手の良さも確認してほしい。

アウトドア調理革命が起きた、魔法の粉

ソースのいらない たこ焼き粉

KILLER MENU
たこ焼き、串カツ

この容器に水と卵を入れて混ぜるだけで、たこ焼きのタネができる。ボールや泡だて器、計量カップなど必要なし。できたたこ焼きは、だしがきいてそのままで美味しい。

キャンプの朝食に焼きたての美味しいパンを

CAMPan（プレーン）

KILLER MENU
塩バターパン

パン屋「JOURS」さんが販売するキャンプ専用の冷凍パン生地。解凍させて棒に巻いて焼くだけ。その途中で発酵が進む。焼きたてのパンを自分で作ることができる。

流行語大賞にもなった「アレ」が「アラ!」と

アレ！

KILLER MENU
のりバターホットサンド、インスタントスープ

のりのつくだ煮「アラ！」と、兵庫・大阪で見られる野球中継でおなじみの「サンテレビ」がコラボしたシャレの利いた「アレ！」。万能プレイヤーはマルチに味付けする。

可愛いカップはまさかの計量メモリ付き

SUZURICE

KILLER MENU
炊き込みご飯

石川県珠洲市の米農家さんがプロデュースしたキャンプ米。お米が美味しいのは当然だが、1カップ2合分で使いやすく、その容器で水も簡単に計量できるようになっている。

G飯の素

アレンジレシピ

混ぜて焼くだけでガーリックライスができるコイツは、
アレンジも万能。どんなメニューでもお店のような味わいに。
ガーリック枝豆やペペロンチーノもオススメ。

材料

1 G飯の素
2 エビ
3 ケチャップ
4 パセリ
5 バター

MATSUKURA

G飯の素、一番オススメのアレンジメニュー。とあるフーディーな方に食してもらったところ、本場ハワイの味と同じだと絶賛された。SNSで作り方を投稿したところ、世界中で再生数が伸びている。

下処理済の殻付きエビをよく焼き、G飯の素とケチャップ、バターで絡め焼く。最後に追いバターとパセリを散らして完成。エビは、冷凍の小エビでも美味しい。

250万再生されたG飯アレンジ

31 ガーリックシュリンプ

エビがしっかり
焼けてからG飯投入

ケチャップは
G飯と同じ
くらいの量

G飯の素は万能ガーリック調味料！

32 もつ鍋

材料

1 G飯の素
2 キャベツ
3 ニラ
4 もつ（下処理済）
5 しょうが天

G飯の素が自宅の冷蔵庫に余ってしまった方はいるだろうか。聞きたくはないが、調べると結構いた。使い切れないのなら、強制的に使い切れるメニューが必要。それがもつ鍋だ。シェラカップ2杯分の水に、G飯の素を½壜分溶かしてスープにして、キャベツ、下処理済のもつ、しょうが天を一緒に入れて、具材をしっかり煮込む。最後にニラをのせて完成。

余ったG飯の大量消費メニュー

鶏肉や豚肉でも美味しいよ

スープの味付けはG飯の素だけ

醤油
アレンジレシピ

これぞ調味料の王道。なぜ、醤油アレンジ？ と思われるかもしれないが、誰だってキャンプで醤油くらいは用意できるはず。身近な調味料を活用しない手はない。

33 みりん醤油ブリ照り

みりん醤油があれば
誰でも和食料理人

なるべく具材を敷き詰めよう！

しっかり焼けたら最後に醤油を

醤油とみりん。たったこれだけあれば、旨味、塩味、甘味、コク、テリ、香ばしい香りのすべて味付けができる。醤油とみりんを6：4くらいで割った調味料を準備しておくといい。黒胡椒を振ったブリをバターで焼き、最後に醤油とみりんの調味料で絡め焼き。シンプルだが、ほっこり美味しい和食が完成。たまには和食もいいものだ。

材料

1 醤油
2 ブリ　3 ネギ
4 バター　5 みりん
6 黒胡椒

34 大葉にんにく醤油漬

気が付けばご飯がなくなるメシどろぼう

料理人に支持されるヤマサ醤油

材料

1 減塩醤油
2 白飯　3 大葉
4 キムチ　5 ごま油
6 にんにくチューブ
7 卵

MATSUKURA

白飯をお腹いっぱい食べたいときには、これをやってほしい。大葉にキムチ、ごま油、にんにく、そして減塩醤油を加えて漬け込む。数分したら大葉を取り出し、卵黄とご飯と一緒に食べるだけ。気が付けば、大葉よりも先に、白飯がなくなっていることだろう。焚き火と関係ないレシピだが、どうしても知ってほしかったので、無理やり入れ込んでしまった。

ご飯がすすむ～とまらない

a 醤油ににんにくを混ぜておこう

b 漬けた大葉に卵黄をのせる

35 醤油マシュマロ

焼いて かけるだけ

ほんのひと振りで、メニューの味が一気に変わることがある。
それが、考えもしなかった組合せとなり、
新しい焚き火メシが生まれるのだ。

焦げ過ぎず
燃えないように
優しく炙る

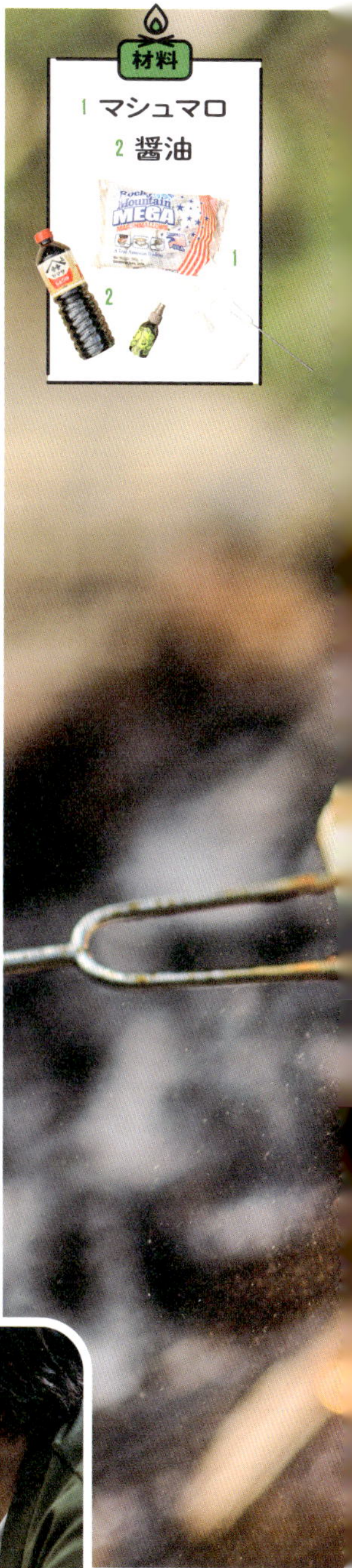

材料

1 マシュマロ
2 醤油

Rocky Mountain
MEGA
1
2

もっと早く知りたかった大人の焼きマシュマロ

MATSUKURA

大人はひと口で遠慮しがち、子どもは「食べたい！」という割には残しがち。そんな可哀そうなマシュマロを、たったひと工夫でヒーローにしてしまうレシピがこれ。醤油入りのスプレーボトルを用意して、焚き火で焼いている途中で吹きかけ、さらに焼くだけ。燃え移らないように気をつけながら、マシュマロが柔らかくなるまで、繰り返す。香ばしく甘じょっぱい、みたらし風味。ふわとろ具合に感動するはずだ。

熱いので火傷に注意！

36 コーヒーチキン

きつね色になるまで
こんがり焼く
a

こっそり
借りてきた
ミルで
ガリガリ
b

c
鶏肉独特の臭みが
コーヒーによって消される

飲むコーヒーから食べるコーヒーへ

一日の始まりは、換気扇の下で飲むコーヒーとタバコから。私はコンビニ無糖パックをアイスで、妻は豆をミルで挽きホットで飲む。お互い気にはしてないが、コスパは悪い。ある朝、なんとなく挽いた豆を口に入れたら美味しく、食べられることが分かった。カレーの隠し味に入れるくらいだし、調味料として成立する。キャンプでは塩、コーヒーはマストアイテムとして持ってきているので、混ぜてかけている。

材料

1 鶏肉
2 ちょっと良いコーヒー豆
3 ちょっと良い塩

37 酢カレー

これを入れておけば健康になる!?

足りないときは
追い酢

INO

簡単に作れてしまうカレーでもレトルト食品を積極的に使っている。カップラーメンもそうだが、外で食べるだけで3割増しの美味しさになるからだ。白米も湯煎するだけで、時間短縮になり、その分のんびりできる。ちょい足しで、酢を入れると酸味と甘みが加わる。ソースや醤油を入れるより、なんだか健康的な気分にもなる。

材料

1 酢
2 レトルトカレー
3 レトルトご飯

1 2 3

38 豚漬物ステーキ

B級グルメがA級に昇格!?

材料

1 卵
2 カットネギ
3 豚肉
4 漬物

岐阜県飛騨地方の郷土料理で〝漬物ステーキ〟がある。漬物を卵でとじたシンプルなものだが、丁度良い塩味がクセになる。ただ、これだけだとパンチがないので豚肉を加えている。さらに辛さを足せば、豚キムチ風になり、お酒のつまみのメインにもなってくれる。残りがちな漬物も、アレンジ次第では大化けする可能性を秘めた、B級グルメである。

溶き卵がうっすら固まったら、完成

39 焼きかけ柿

皮が焼け落ち始めたら
取り出して、
そのままカット

材料

1 柿
2 台湾の香辛料

台湾の香辛料を。
塩なら甘みを
強く感じさせる

柿焼けば 喉が鳴るなり 焚き火前

片田舎で育ったことで、実家のガレージにはいつも干し柿がぶら下がっていた。年寄りくさくも感じ、昔から食べるのを敬遠してきた。そんな私もそろそろ五十路を迎え、柿が似合う年頃に。まだ完熟のドロッとしたのは無理だが、シャキシャキ食感のものなら問題なく食べられる。あとは柿独特の甘みを克服するべく、八角やクミン、唐辛子が入ったパンチある調味料をかけることで、箸が進むようにもなった。

40 カレー風味目玉焼き丼

材料

1 卵
2 ご飯
3 カレー粉
4 ベーコン
5 パセリ

目玉焼きの味付けに、カレー粉を使うとギョッ！とされるが、食べてもらうと納得してもらえる。私はキャンプでカレー粉は必ず持参する。炒め物、スープなどどんなメニューでも相性抜群で、味付けに困ったときに補えるスパイスだ。目玉焼きも美味しいが、当然、白飯にも相性が良い。半熟の目玉焼き、両面焼けたベーコンをご飯に添えて、最高の朝ごはんをどうぞ。

しょうゆ派？ソース派？それともカレー派？

あの人気メニューを再現したかった

41 イカ焼き

材料

1 イカ(一夜干し)
2 醤油
3 カットネギ
4 バター
5 七味唐辛子
6 生姜チューブ
7 マヨネーズ

イカをまるごと
輪切りにしてもOK

マヨネーズを
炙ると、さらに
お店の味に近づく

学生時代、函館でイカの肝の研究をしてきた。そのため、余ったイカの胴体は、いつも私のまわりにあった。イカを切ってしっかりと焼いたあと、バター醤油を絡め焼きし、生姜とマヨネーズと七味唐辛子、ネギを和えるだけ。大好きな某ファミレスのン人気メニューの味を、焚き火で再現してみた。学生時代のイカの思い出を〝方舟〟にのせて紹介する。

42 カボチャはちみつ

モテ率100%の
デザート！

材料

1 カボチャ
2 はちみつ

1

2

新たな方程式の南瓜＋蜂蜜＝栗

INO

アウトドア業界に入って最初に知ったアイデアレシピである。誰に教わったかは忘れてしまったが、かれこれ10年以上前になる。半分のカボチャの種をくり抜きハチミツを並々入れ、アルミホイルに包んでこぼれないよう焚き火に置く。20分ほどで硬い皮がプニプニになってくる。スプーンで崩しながら食べると、栗のような味わいに。ここぞとばかりに我が物顔で披露している。教えてくれた人、ありがとう。

43 辛いお茶漬け

すすって食べて、ホット(HOT)します。

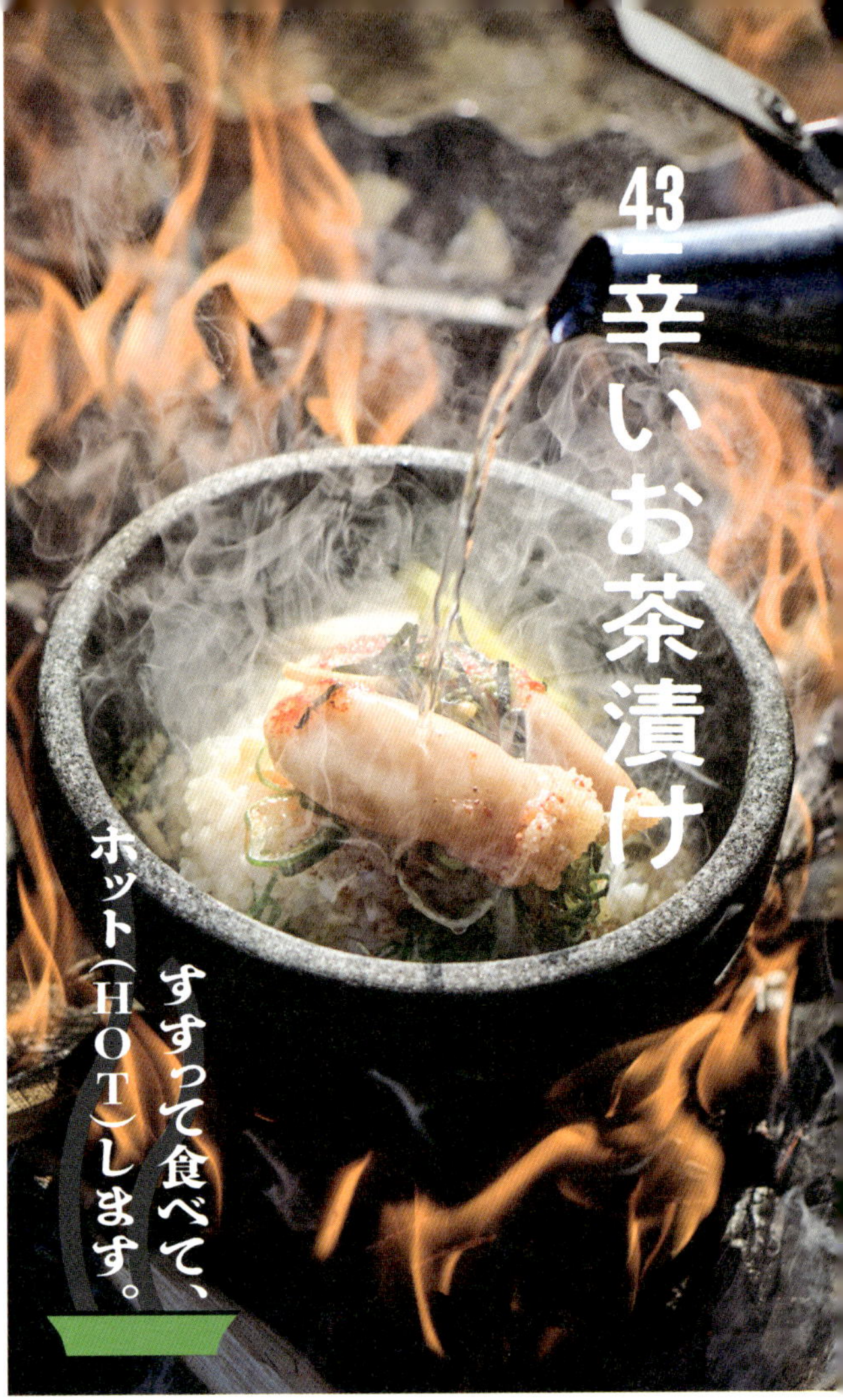

材料

1 お茶漬けの素
2 ご飯
3 天かす
4 辣油
5 明太子
6 たくあん
7 カットネギ

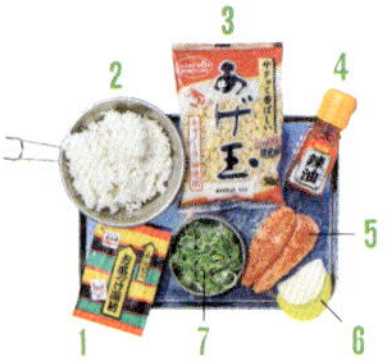

お茶漬けが好きだ。あの美味しそうにすすって食べるテレビCMの影響か。ここはぜひ辣油をかけ、明太子を加えてほしい。辛いがたまらなく美味い。たまにむせる。でも、また口にかけこみたくなる。ついでに天かす、ネギ、たくあんも加える。具だくさんだとすぐ冷めてしまうけど、焚き火で熱した器で作れば、常に熱々。身体も心も温かくなってほしい。

サッサッと振りかける音がもう好き

好みの具材をたっぷり盛りつけて

ジャムをジャムだけで終わらせるな！

44 ジャム炒め

材料

1 あんずジャム
2 角切り豚肉
3 ゆで卵 4 ピーマン
5 ニンジン
6 タケノコ（水煮）
7 レンコン
8 アスパラ

いつのまにか冷蔵庫の片隅から動くことなく、任期満了を迎えてしまい、勿体ないことになっているジャム。そんななか知り合った沢田さんファミリーのキャンプメシに感銘を受けた。メインの味付けに使うことで、シンプルな炒め物がフルーティな酢豚に早変わりする。さらに酒や塩を入れると、深味が増す。やっと我が家のジャムが日の目を浴びた。

a
アスパラがしんなりしたら食べごろ

b
あんずジャムと醤油で漬けたゆで卵もアクセント

焼いて つけるだけ

口に入れる前に調味料やタレにワンバウンドさせれば、期待を裏切らない美味しさになる。ひと手間で、味が引き立ち、深みが増す。

45 ささみハーブマヨネーズ焼き

刻んだバジルと
マヨネーズのタレを
つけて二度焼き

焦げついた
マヨネーズは
クセになる

焼くだけでも順番は守ること

INO

焼く前後で塗っていた調味料・のせた具材が、いつのまにか網の隙間に落ち、ビックリするほど変貌していることがある。いい例がネギたっぷりのタン塩である。悲しい気持ちになるし、食材に申し訳ない。そうならないよう、まず肉を焼き終えてからタレに浸し、二度焼きすると無駄にタレが落ちなくなる。マヨネーズだけでも美味しいが、芸がない。そこでハーブ類を加えると焦げて香りが立ち、味に深みが増す。

材料

1 鶏肉
2 マヨネーズ
3 バジル

46 レモンしゃぶしゃぶ

漬けダレいらずのパパっとしゃぶっと

材料

1 しゃぶしゃぶ用豚肉
2 昆布ぽん酢
3 ネギ
4 レモン
5 オリーブオイル

だしとタレのしゃぶしゃぶも悪くないが、スープに味付けして食べるのも美味。まろやかな味わいの昆布ぽん酢は、水で割るだけで爽やかで旨味のあるスープができあがる。水と昆布ぽん酢を3：1くらいで割って、表面に広がるぐらいのオリーブオイルを注ぎ、レモンスライスを加えて煮立てる。あとは肉やネギをしゃぶしゃぶして、そのままご賞味あれ。

レモンの柑橘さが
肉をさっぱりとさせる

47 厚切りベーコンにメープルシロップ

材料

1 ちょっと良いベーコン
2 はちみつ

1
2

料理の腕がないなら素材でカバー

脂が溶け出すまでしっかり炙る

INO

「焚き火マイスター2」の肩書を虎視眈々と狙う、撮影で協力いただいた加瀬、山本がいる。そのひとり、山本彰は買い出しを頼むと、スーパーでなくネットでお取り寄せをしたものを持ってくる。私も、割高ではあるが、雑なレシピこそ、素材は良いモノを選ぶようにもなった。楊枝にベーコンを刺し、ハチミツをつければ、生ハムメロンのような高級感だ。

48 焼肉すき焼き風

椎茸を一緒に焼くと肉がさらに美味しく

肉の両面が焼けたら、醤油を絡めて

焼肉に卵を漬けて食べてみて

すき焼が好き、焼肉も好き。そんな食いしん坊に朗報。焼肉用の肉を美味しい醤油とバターで焼いて、溶き卵に漬けて食べてみて。椎茸も焼いて同じように食べてみて。すき焼も焼肉も好きなあなたは、

白飯も好きでしょう。体が欲するままに、肉と飯を交互に頬張ればいい。そこには、幸せが待っている。体重計はキャンプ場にはないはずだ。帰ってからの反省も慣れているはず。ただ私のことを書いただけ、失礼。

材料

1 焼肉用牛肉
2 椎茸
3 バター　4 卵
5 おいしい醤油

飲み物や汁物の加熱や再加熱用に作られたステンレス製の専用器具「ジュール」。石を焼き、鍋に入れる石焼き鍋ような仕組みだ。転がっている石だと熱や急激な温度変化で割れてしまう。

49 ホット黒ビール

材料

黒ビール

INO

ビールの本場ドイツでは、熱した金属棒を黒ビールに入れ温める〝ビアスパイク〟という飲み方がある。泡が焦げることで風味が増し、スパイスやドライフルーツ、砂糖などを加えれば、ビールが苦手な人でも飲みやすくなる。愛する「アサヒスーパードライ」でも試してみたが、不味くて飲めたものではなかった。ここは冒険せず、黒一択で飲んでほしい。

キンキンではなく
カンカンにして飲む

いつでも使えるよう
火床に忍ばせておく

50 インスタントスープ

INO

キャンプを経験すると日常生活の豊かさを再認識する。ボタンやスイッチを押せば、だいたいが事足りてしまう。慣れや習慣が身に付いてしまうと、1杯のスープのためだけにお湯を沸かすことは億劫だ。右で紹介した黒ビールと同様のものだが、スープと水を入れ、熱した金属棒を入れるだけ。本来の使い方以外でやりくりするのもキャンパーとしては大切である。

お湯をわざわざ
沸かすのは面倒くさい
材料
インスタントスープ
しじみ
70個分

51 刺身用の海産物焼き

火が通っているか確認不要のBBQ

たっぷりの薬味を漬けて召し上がれ

材料

1 刺身用マグロ
2 刺身用サーモン
3 ごま油
4 カットネギ　5 卵黄
6 昆布ぽん酢
7 ほりにし
8 にんにくチューブ
9 生姜チューブ

軽く炙り、こんがりと焼ける程度でいい

私の十八番キャンプ飯のひとつ。過去、猪野さんにも食べてもらったことがあり、いたく感動してくれた。それがきっかけで、本書の共作に繋がったと密に思っている（本人には未確認）。作り方は簡単。刺身用のサクに、ほりにしをたっぷり振り、表面を焚き火でサッと炙るだけ。あとはネギ、卵黄、にんにく、生姜、ごま油、昆布ぽん酢で味を整えた薬味を漬けて召し上がれ。焚き火マイスターをいとも簡単に虜にしたひと皿が完成する。

52 変化球ダレ

a
こしあん
気分は理科実験。
左からはちみつ、こしあん、Yummy!

材料

1 マヨネーズ
2 こしあん
3 Yummy!
4 はちみつ
5 ネギ

タレは
美味いが
ネギとの
相性は…!?

野菜はもちろん
干物系でもOK
b

マンネリしたらいろいろ混ぜるべし

何品も作るのは大変だが、何種類かを焼いて出すだけなら、手間も技量もいらない。その分、漬けタレを多く用意する。なかでもマヨネーズは何を混ぜてもそれなりの味になる。今回はこしあん、はちみつ、ガーリック&ペッパーベースの万能調味料をそれぞれ混ぜ合わせた。ネギの先端にタレを漬けてから、タレの香りがするまで焚き火で焼けば味変する。こんな私でも一応はさまざまな組み合わせを考え、試作してから人前に出しているのだ。

混ぜて 煮込むだけ

焚き火で煮込むと、
グツグツとした音や立ち上る香り、
五感を最大限感じて
“食べる”に臨める。
材料の用意はたくさんあっても、
基本は混ぜて煮込むだけ。

53 石狩風キムチ鍋

シメは
キムチバターラーメン
で決まり！

味噌の代わりにキムチとバターでアレンジ

MATSUKURA

何でも辛くしたがるのは、辛党の悪いクセだ。キムチとバター、めんつゆで、うま辛な味わいに。味噌を加えていないため石狩鍋とは言えないが、北海道の鮭との相性は抜群。八雲町の木彫り熊にゾッコンの猪野さんの要望でレシピが完成した。めんつゆを希釈したスープに、鮭、玉ねぎ、キムチ、キャベツ、バターを加え、それぞれの具材に火が通るまでじっくり煮込むだけ。隠し味に味噌を加えても、当然美味い。

材料

1 鮭　2 バター
3 玉ねぎ
4 キャベツ
5 キムチ
6 めんつゆ

5
4
2
6
1
3

54 シーフードパエリア

色が透き通るまで
米を炒める
a
b
水は200mℓくらい。
トマト缶は半分の量
c
炊き具合は
米の味見を
しながら判断

キャンプで一度はやってみたかったはず

材料

1 あさりむき身
2 鮭　3 エビ
4 イカ　5 生米
6 パプリカ　7 レモン
8 トマト缶　9 パセリ
10 コンソメ
11 オリーブオイル

MATSUKURA

「パエリアはなんだかモテそう！」と思ったあなたは、簡単にできるから、ぜひやってみて。米一合（生米でOK！）をオリーブオイルで炒め、トマト缶、水、コンソメ2個を加え、シーフード各種、

パプリカをのせる。沸騰したら、蓋を閉じて炎から離してじっくり煮込むだけ。13分過ぎたら米の味を見ながら取り出し、あとは10分蒸らして出来上がり。鮭、シーフード、パプリカは、先にグリルしておくといい。

55 エスニックらーめん

ラーメン袋麺のアレンジメニュー。辛ラーメンを煮込んでいる途中で、鯖缶を加えて、ごま油をかけてパクチー、レモンを添えるだけで、本格エスニックな味わいのラーメンが完成する。3分間、麺を茹でている間に、すべての調理が完結するという、まさにインスタントアレンジ。お気に入りで何度もリピしている。エスニック味の定義は、知らんけど。

レモン絞って パクチー入れたら 簡単エスニック

材料

1 辛ラーメン(袋麺)
2 ごま油
3 パクチー
4 レモン
5 鯖缶(水煮)

56 トムヤムおでん

市販のおでんを使ったことは黙ってていい

材料

1 レトルトおでん
2 肉団子
3 Tスープの素

1

2

3

MATSUKURA

ササッとみんなに振る舞いたいときにオススメ。市販おでんパックに、Tスープの素を加えると、レモングラスの爽やかさとにんにくの深いコクがたまらないスープに。肉団子を加えてもOK！市販のおでんパックを開ける場面は、誰にも見られないようにしたい。焚き火でコトコト煮込めば、きっと手の込んだ手作りおでんだと勘違いするはずだから。

57 もやし肉鍋

煮込むだけ

山盛りのもやしに肉を巻くように

材料
1 牛肉　2 もやし
3 ユッケジャンスープ
4 かけるチーズ

**もやしでかさ増し
満足度も
ヘルシー度もアップ**

MATSUKURA

鍋の具材を極限まで減らしたら、肉ともやしだけで成立することを知った。市販のユッケジャンスープで煮込むだけ。もやしは安いからたっぷり使えるし、たっぷり使えばヘルシーだとも言える。食材を減らして安く済ませた分、美味しい牛肉を買える言い訳もできた。最後にチーズを加えたら、トロッとマイルドで濃厚な味わいになり、叫びたくなる美味さに。ただこれが本当にヘルシーかどうかは分からない。

もやしがしんなりして
肉に火が通るまで煮込む

ほのかに香る
カレーの風味！

自宅に余ったそうめんありませんか？

58 鶏飯風カレーにゅうめん

材料

1 そうめん
2 鶏もも肉
3 ネギ
4 椎茸
5 塩
6 カレー粉

1
2
3
4
5
6

MATSUKURA

奄美の鶏飯が忘れられない。鶏だしと塩だけでできる澄んだ黄金スープ。具をのせたご飯にかけて食す鶏飯は絶品だ。それを参考に、鶏だしのにゅうめんを作った。鶏肉とネギ、椎茸を10分ほど煮込み、塩で味付け。焚き火の火力でグツグツとだしが煮出され濃厚なスープになる。そうめんを茹で、カレー粉を振って完成。自宅に余ったそうめんがあれば挑戦だ。

59 まるごと カマンベール鍋

材料

1 カマンベール
2 サラダチキン
3 アスパラ
4 マッシュルーム
5 キャベツ
6 玉ねぎ

1
2
3
4
5
6

あとひとつ何か足りないときはチーズを入れろ！

野菜がしんなりし、
カマンベールが
崩れるまで煮込む

INO

仕事柄、キャンプサイトにお邪魔して、夕飯を拝見することがある。そこで目に留まった小田さんファミリーが作る鍋をアレンジするようになった。鍋は蓋を開ける瞬間がメインイベントでもあり、肉の生焼けでもう一回、閉じるのは格好がつかない。そんな失敗がおこらないようにサラダチキンを入れ、カマンベールチーズでインパクトを出している。

60 トマトチキンステーキ

MATSUKURA

「これ！うま!!つゆ」の開発者である私が断言する。このつゆをかけた照りのあるチキンステーキは美味しい！さらにトマト缶を入れて煮込むことで、トマトの旨味成分グルタミン酸と鶏もも肉に多いイノシン酸の旨味成分の相乗効果で、絶品スープが完成する。鶏もも肉、ネギを焼いたあとに、「これ！うま!!つゆ」をかけまわし、照りがつくまで焼く。トマト缶を加えて煮込んだら、つゆで味を調えよう。

キチンとチキンを美味しく食す

鶏肉に火が通るまで
しっかり煮込む

鶏肉とネギを焼いたら、
つゆをかける。大さじ１程度

トマト缶は
まるまる１缶分。

材料

1 鶏もも肉
2 トマト缶
3 ネギ　4 めんつゆ

経験豊富なツウなキャンパーがやっていること

ベテランキャンパーほどキャンプ場で効率良く過ごせるように、これまでの経験から得た教訓を新しいアイデアに活かし、次回に繋げている。

前日に野菜のカットや味付けを済ませて
ジップロックに入れて持参

MATSUKURA

ジップロックなどマチ付の袋に野菜を必要分だけカット、肉や魚は味付けを済ませておくと、当日の調理が「○○するだけ！」となり、スムーズでラクチン。そして、実は当日のゴミの量も大幅に減っていることに気が付くはず。

ゴミの削減にもなるんです

調理器具を無駄に用意しない。ホットサンドメーカーだけでも完結できる

MATSUKURA

何でもかんでも調理器具を準備しがちだが、試しにホットサンドメーカーだけにしてみるといい。形状にもよるが、焼く、煮る、蒸すのすべてができることに気付く。自身の料理だけでよいのなら、ホットサンドメーカーだけでどうにかなるはずだ。

肉は常温に戻してから。塩は焼く直前に振る

MATSUKURA

肉を美味しく焼くコツは、焼く前の準備が肝心だ。肉を焼く時間を逆算して、常温に戻しておくこと。火の入り具合がスムーズになり、美味しくなる。塩を振るタイミングは、焼く直前の方が、肉汁が閉じ込められ、ジューシーな仕上がりになる。

本来とは違う使い方をする。たとえばグラウラーに氷を入れるなど

INO

氷は、食材を冷やす用と飲料用の両方を用意しておく。飲料用はグラウラーに入れておけば溶けることがなく、夏場でも冷えた飲み物がすぐに飲める。冷やす用のほうも、溶けたあとで飲料として飲んだり、手を洗ったりといろいろ活用できる。

数日経っても氷は溶けない
STANLEY

到着したら何か忙しい。麺（流水麺や冷凍麺、カップ麺）でさっとお腹を満たそう

MATSUKURA

チェックインのあと、テントを設営したくらいでちょうど昼食の時間を迎えることが多い。昼食にこだわる必要はない。皆、忙しくして誰もあなたの料理は見ていない。サッとカップ麺や流水麺でお腹を満たし、夕食を楽しもう。

私の昼は惣菜と決めている

昼夜朝、すべて自炊せずにどこかで手を抜く。食べに行ったり、総菜を買ってきたり

INO

キャンプ場で3食すべて作るのは、なかなかハードルが高い。料理が好きなら別だが、料理をしない人にとっては酷すぎる。せっかく遠出をしているのだから、キャンプ場スタッフに訊ねて、ご当地グルメや名物料理を味わってみてはどうだろう。

冷凍食品をアイス代わりにしてクーラーボックスのスペースを確保する

INO

3食すべて食べても良いくらい、冷凍食品の品質は高く、どれも美味しい。それだけだと味気ないとは思いつつも、食材を冷やすことを口実に、何品か忍ばせることもある。クーラーボックスのスペースを節約でき、同時に食材冷却を維持できる。

無駄な食材を買わずに済む

次の流行りは冷凍食品キャンプかも!?

地元のスーパーや道の駅で、食材を買う

INO

遠出をしたら、スーパーと道の駅は必ず立ち寄る。すべての買い出しをするのではなく、行き当たりばったりでレシピを決めることも楽しいものだ。見たことない食材や調味料に出合えるとワクワクし、料理の腕が鳴る。

使い捨てのまな板、ゴム手袋は、洗い物が省けて調理が便利

MATSUKURA

近くに水場があるとは限らないし、あるいは水場が混む場合だってある。なるべく洗いものを少なくするには、手を清潔に保てるゴム手袋や、使い捨てビニール手袋があると便利だ。また、使い捨てにできる、まな板シートの活用もオススメだ。

面倒な後片付けもアイデア次第でラクになる

後片付けほど、「やっとけばよかった」とあとで後悔をするものだ。そうならないためにも、そうなったときのためにも、ちょっとしたテクや道具がある。

万能スプレーをひと吹き。“HORINISHI Clean Z”があればだいたいOK！

無精な性格なので、細分化が苦手である。シャンプーとリンスよりリンス・イン・シャンプーが好みだ。まさにこれは私みたいな人にピッタリで、ひと吹きで油汚れの除去、洗浄、防サビ、消臭、除菌、抗菌が完結する名品だ。

堀西さん、
作ってくれてありがとう

焚き火メシの煤はクエン酸や酢で落とす

薪を燃やすと、どうしても調理器具が煤だらけになってしまう。洗剤で洗ってもなかなか取れない。そこで、クエン酸が多く含まれているレモンの皮や酢をキッチンペーパーに染みこませたもので拭けば、きれいさっぱりする。

串についたマシュマロはもう一度火にかけて拭き取る

マシュマロを楽しんだあとに気が付く、串に残った頑固なやつ。洗っても簡単には落ちない。そんなとき、また火で炙ってやればいい。頑固な親分も、可愛い火にはトロんとしてくる。火傷しないように、あとは拭き取るだけ。

洗い物に欠かせないスポンジにこそこだわりを！

MATSUKURA

水だけで汚れが落ちるものや、水をつければ洗剤が泡立つものまで、洗い物に欠かせないスポンジもこだわればいろいろと種類がある。洗剤を忘れたときのためにも、洗剤の持ち運びが不要になる点でもオススメ。スポンジにこだわろう！

水が少量でも汚れが落ちる
スポンジがオススメ！

洗い物の前の
ガリガリの儀式

ペットボトルのキャップで焦げを落とす

INO

ペットボトルキャップが意外な働きをしてくれる。SNS動画で見かけ、半信半疑で実践してみたところ、予想以上に焦げが簡単に取れ、洗う前の儀式になっている。今では誰かに見せびらかしたくて、焦げ待ちをするほどだ。

洗剤はECOなものを選びたい

INO

浄水設備が整っていないキャンプ場では家庭用洗剤（合成界面活性剤）は避けること。洗浄効果は高いが、自然環境へ悪影響を及ぼす可能性がある。天然素材の洗剤なら、土壌や生き物への害が少なからず軽減されるはずだ。

土を水で溶かしてそれを鍋底に塗れば天然の研磨剤に！

MATSUKURA

泥を使って鍋底の汚れを落とす。一見、ただ汚しているだけのようだが、じつは土が天然の研磨剤になってこびりついた汚れを落としやすくしてくれる。水で汚れと泥を落としたら、仕上げに洗剤でキレイに土の汚れを落とすこと。

キャンプ場をきれいに保って撤収するまでが焚き火メシ

口うるさくはなりたくないが、やらかす人はまだいる。キャンプ場があってこその焚き火メシなので、くれぐれもよろしくお願いします。

キャンプ場のルールは守る

お金を払っているからといって、ルールを破ることはいけない。キャンプ場側も、決して無理難題なルールを押しつけてくるわけではないので、お互いイヤな気分にならないようにしたい。あとは言うまでもなく、人としてのマナーも忘れずに。

ゴミ袋はマストアイテム

私は3種類のサイズのゴミ袋を常に持参している。生ゴミを入れる小さなものと、資源ゴミ・缶ゴミを入れる中袋、そしてそのほか燃えるゴミを入れる大サイズと。ゴミは常に出るものとして認識し、いつも車に積んでおけばいいのだ。

ゴミは持ち帰ることを前提に考えておこう

いろいろと書いたが、結局は現地で出るゴミを最小限にして、少なくしたゴミを自宅まで持ち帰ることが大事ということ。なるべくゴミが出ない工夫を、楽しみながらチャレンジしてほしい。くれぐれも帰りのコンビニやサービスエリアでゴミを捨てないように。ルール違反だ。

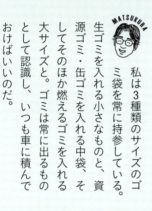

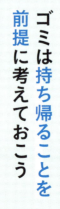

水場で出た生ゴミはそのままにしないで、ネットやビニル袋で持ち帰る

シンクに生ゴミが詰まって水が流れない経験を、恐らく誰もがしているのではないだろうか。それだけで、テンションは下がる。あとのキャンパーさんがそんな経験をしないように、洗い物に行くときは、ネットやビニル袋を持っていく習慣をつけよう。

ゴミを出さない工夫をすれば、帰りもラクになる

ゴミは燃やさない

これは当たり前だ。ゴミを燃やすことは焼却といって、焚き火ではなくなってしまう。少量ではあるが有害物質が発生して、煙を吸ってしまうと、健康だって損なう。せっかくリフレッシュするために自然のなかにいるのに、元も子もない。

ゴミを燃やさない意志。ダメ。ゼッタイ

次使う人のために使う前以上にキレイにして帰ろう

元ボーイスカウトの方から、「来たときよりも美しく、残すものは感謝のみ」を耳タコレベルで聞かされた。まさにコレである。「落ちていたゴミを拾わなかったら、そのゴミはお前が捨てたと同じだ」とも言われ、肝に銘じている。

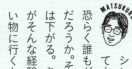

おわりに

松倉広平

猪野さんの作る焚き火メシには驚かされた。始めは、「えっ、こんなんでいいの？」と不安すら感じた。元々ヤマサ醤油でレシピ開発に携わってきた人間からすると、そこで経験してきたレシピと比べ、あまりにも大胆で簡素な調理行程だったから。しかし自分のアイデアにはない新鮮さと面白さを感じた。

　よく考えてみると、趣味でSNSに投稿してきた、〝見るだけで想像して作る〟ジャンキーなキャンプ飯は、まさにその考え方に近いものがあり、一緒にやっていくうちに、不安は共感に変わった。知恵を絞り合いながら作った料理に、当初名前はなかった。ただ、作っていくうちに、誰でも気軽に作れる焚き火の料理は、気取らずにできる「ごはん（メシ）」に近いよね？と、いつしか〝焚き火メシ〟と呼ぶようになった。

　撮影を無事に終え、今、不思議な気分だ。まさか自分自身がアウトドアでレシピ本を出版するとは夢にも思っていなかったし、2年前に猪野さんから声をかけられた「いつか一緒にレシピ本を出しましょう」が現実になってしまった。プレッシャーを感じたが、ラフに楽しみながら挑戦する猪野さんを見て、私も楽しく取り組むことができた。違う人生を歩んできた2人ではあるが、「誰かを楽しませたい！」という強い気持ちは共通している。

　撮影現場では、笑顔が絶えず、本当に楽しかった。そんな雰囲気も含めて、焚き火メシの楽しさと美味しさが、少しでも伝わっていたら、とても嬉しい。

INDEX

TOOLS

asobito
ビッグウイング　https://www.bigwing.co.jp

belmont
ベルモント　https://belmont.co.jp

BAREBONES
エイアンドエフ　https://aandf.co.jp

BioLite
モンベル　https://www.montbell.com

CYRUS9
サイラス9　https://cyrus9.official.ec

COGHLAN'S
エイアンドエフ　https://aandf.co.jp

COLEMAN
コールマン　https://www.coleman.co.jp

FIRESIDE OUTDOOR
モチヅキ　https://e-mot.co.jp

flames
フレイムス　https://flames-jp.com

MORAKNIV
UPI　https://upioutdoor.com

maagz
マーグズ　https://store.maagz.jp

muraco
シンワ　https://muracodesigns.com

SEIDO
セイドウ　https://seido.shop

SOTO
ソト　https://soto.shinfuji.co.jp

STANLEY
ビッグウイング　https://www.bigwing.co.jp

TAKIBISM
UPI　https://upioutdoor.com

TEPPA
モチヅキ　https://e-mot.co.jp

TOKYO CRAFTS
トウキョウクラフト　https://tokyocrafts.com

tôugu
トーグ　https://tougu-jp.com

UCO
モチヅキ　https://e-mot.co.jp

尾上製作所
尾上製作所　https://www.onoess.co.jp

SEASONING

CAMPan（プレーン）
JOURS　https://jours-pan.stores.jp

CAMPソース
キャンプ・アンド・キャビンズ
https://www.camp-cabins.com

G飯の素
アウトドアオペラ　https://outdoor-opera.com

mog塩
ミリオン　https://www.mog-camp.com

OJISUPAビリビリするの。
ラルバディ プロダクト　https://ralbuddy.base.shop

SUZURICE
浦野農園
https://www.instagram.com/uranofarm.playground

TAGI+SHIM
トウキョウクラフト　https://tokyocrafts.jp

Tスープの素
アウトドアオペラ　https://outdoor-opera.com

Yummy! ガーリック ＆ペッパー
ヤマサ醤油　https://www.yamasa.com

アレ！
ブンセン　https://www.bunsen-kk.co.jp

うまいたれ
平山孫兵衛商店　https://shop.hirayama-magobee.com

ゴールデンマスタード
https://goldenmustard.com

サワークリームスパイス
西部頭髪　https://www.seibutohatsu.com

スタミナ1番 スパウト
山一商事
https://www.yama-1.com

スパイスカレーチキン
FAT CAMP　https://fatcamp.thebase.in

ソースのいらない たこ焼き粉
コレロッカ　https://official.corerocca.jp

ソアノワール
ヤマサ醤油　https://www.yamasa.com

どろソース
オリバーソース　https://www.oliversauce.com

にんにく正油粉
GOEN　https://goen-official.com

バカまぶし
BAKBAK　https://www.bakamabushi.com

骨付鳥スパイスパウダー
おむすび　https://omusubii.com

ほりにし
ほりにし　https://horinishi.jp

まっくす
アグルス　https://www.agurus.co.jp

まっくすすだれ
アグルス　https://www.agurus.co.jp

よしだやのにんにくチューブ
YOSHIDAYA　https://www.yoshidaya-garlic.jp

謝辞

本書の作成にあたり、以下のみなさまには、
さまざまな形でご協力いただきました（五十音順）。
こころより、お礼申しあげます。

アーバンナイトオウル
青川峡キャンピングパーク
井上海
大西真裕
荻原啓司
奥富啓人
Olives
加瀬貴彦
グリーンクリエイティブいなべ
古賀利江
小久江岳
佐藤祐孝
佐野健
嶋田隆
平健一
高橋智子
田川浩徳
近澤一雅
テンベア
トム（古物商ファントム）
中山育子
中山治伸
西尾直也
にんにくバルTheGarlicNakano
ニンニクバルにょんにょご渋谷
根布谷繭子
農業生産法人よしだや
野田亜沙美
パシュート
ハピキャン編集部
フォレストサンズ長瀞
ベーカリーJOURS
星川ちさと
三重県いなべ市
三重県いなべ市役所
やまてらす
ヤマサ醤油
山路尚輝（めんでぃ）
ユナイテッド・イースト
吉田清華
露天風呂とキャンプNANSO CAMP
one high

焚き火メシの本

2025年4月17日　第一版発行

著者
猪野正哉　松倉広平

発行人
米田圭一郎

編集
米田圭一郎

撮影
猪俣慎吾

表紙ロゴデザイン・イラスト
根布谷繭子

デザイン
グスクマ・クリスチャン（細山田デザイン）
山本夏美（細山田デザイン）
横村 葵

印刷・製本
株式会社シナノ

発行所
ライスパブリッシング
〒154-0023
東京都世田谷区若林3-17-1 クレール世田谷401

問い合わせ
ricepublishing2023@gmail.com
落丁・乱丁があった場合は当社までご連絡ください

ISBN978-4-9913579-2-3　C2077
定価はカバーに記載されています。

本書は2025年3月16日時点での情報を掲載しております。

猪野正哉

焚き火マイスター。日本焚き火協会会長・アウトドアプランナー。著書に『焚き火の本』『焚き火と道具』（共に山と渓谷社）。TBS『マツコの知らない世界（焚き火編）』出演。ワークショップやテレビなどの焚き火監修を行う。

Instagram　@inomushi75

松倉広平

Outdoor Opera代表/食べることが大好きなキャンプ愛好家。ヤマサ醤油初の社内ベンチャーOutdoor Operaを立ち上げ、キャンプ専用調味料「G飯の素」「Tスープの素」を発売。千葉県「黒アヒージョ」アンバサダーを務める。

Instagram　@matsukuracamp